EDGE

VALUE-DRIVEN DIGITAL TRANSFORMATION

价值驱动的数字化转型

吉姆·海史密斯（Jim Highsmith）
[美] 琳达·刘（Linda Luu） 著
大卫·罗宾逊（David Robinson）

万学凡 钱冰沁 笪磊 译

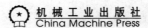
机械工业出版社
China Machine Press

图书在版编目（CIP）数据

EDGE：价值驱动的数字化转型 /（美）吉姆·海史密斯（Jim Highsmith），（美）琳达·刘（Linda Luu），（美）大卫·罗宾逊（David Robinson）著；万学凡，钱冰沁，笪磊译 . —北京：机械工业出版社，2020.8（2021.12 重印）

书名原文：EDGE: Value-Driven Digital Transformation

ISBN 978-7-111-66306-5

I. E… II. ①吉… ②琳… ③大… ④万… ⑤钱… ⑥笪… III. 企业管理 - 数字化 - 研究 IV. F272.7

中国版本图书馆 CIP 数据核字（2020）第 157769 号

本书版权登记号：图字 01-2019-7989

Authorized translation from the English language edition, entitled *EDGE: Value-Driven Digital Transformation*, ISBN: 978-0-13-526307-5, by Jim Highsmith, Linda Luu, David Robinson, published by Pearson Education, Inc., Copyright © 2020 Pearson Education, Inc.

All rights reserved. No part of this book may be reproduced or transmitted in any form or by any means, electronic or mechanical, including photocopying, recording or by any information storage retrieval system, without permission from Pearson Education, Inc.

Chinese simplified language edition published by China Machine Press, Copyright © 2020.

本书中文简体字版由 Pearson Education（培生教育出版集团）授权机械工业出版社在中华人民共和国境内（不包括香港、澳门特别行政区及台湾地区）独家出版发行。未经出版者书面许可，不得以任何方式抄袭、复制或节录本书中的任何部分。

本书封底贴有 Pearson Education（培生教育出版集团）激光防伪标签，无标签者不得销售。

EDGE：价值驱动的数字化转型

出版发行：机械工业出版社（北京市西城区百万庄大街 22 号　邮政编码：100037）	
责任编辑：孙榕舒	责任校对：殷　虹
印　　刷：北京文昌阁彩色印刷有限责任公司	版　　次：2021 年 12 月第 1 版第 5 次印刷
开　　本：170mm×230mm　1/16	印　　张：13.5
书　　号：ISBN 978-7-111-66306-5	定　　价：79.00 元

客服电话：（010）88361066　88379833　68326294　　投稿热线：（010）88379604
华章网站：www.hzbook.com　　　　　　　　　　　　读者信箱：hzjsj@hzbook.com

版权所有 · 侵权必究
封底无防伪标均为盗版

本书法律顾问：北京大成律师事务所　韩光 / 邹晓东

Praise 本书赞誉

这是一本令人印象深刻的书,书中提供了一整套原则和实践,以帮助企业提升创新能力。通过聚焦成效和价值,并依靠产品思维、轻量级治理和适应性领导力,作者诠释了公司如何通过敏捷产品组合在日益复杂的环境中生存和发展。本书值得珍视并仔细品读。

—— Jurgen Appelo,*Management 3.0* 与 *Managing for Happiness* 的作者

作为一名创业者,我从 2008 年开始白手起家,随后一直在经营一家 SaaS 公司,努力将其从工业制造商转型为数字业务集团,此刻的我正处在这个转型的边缘。

得益于本书,我现在获得了一套框架和术语,由此可以回顾过去的经营之路,并展望组织的未来。更为重要的是,本书凝结了作者数十年的经验与智慧,与我产生了强烈的共鸣。我有信心让本书成为 Corevist 公司每个人的必读书籍,还会将其推荐给所有正在坚持数字化转型的客户。

——Sam Bayer,Corevist 首席执行官

正如一些有关敏捷的书籍里介绍的一样,我们常常会采用 Scrum 或一些框架。然而,真正的数字化转型远不止如此,本书展示了胆识型领导者

应该具备什么样的知识。本书令人耳目一新,强烈推荐!

——Martyn Jones,新西兰 SoftEd Group 总经理

  本书是一本极有价值的书,也是企业成功驾驭数字化转型不可或缺的指南。它包含了极为简单、实用的指导原则,阐明了我们需要解决的问题。我发现,实际落地的运营模式框架可以帮助我们将注意力聚焦于真正重要的方面(比如,采取足够迅速的措施,发展差异化的能力以应对新出现的机遇,创造可持续性的优势)。本书还讲述了大多数组织都需要具备应对"陷阱"的洞察能力,以及如何避免掉落"陷阱"的改进建议。

  另一个亮点是行之有效的实践技巧:如何通过"兼而有之"的思维来管理两极分化所带来的冲突;如何以经验数据及精心设计的价值模型为基础,更加有效、快速地做出决策;如何根据执行情况来调整战略。

  最后,本书强调频繁的投资、有效的反馈循环,以确保今天的竞争优势能够与时俱进。

  我相信,本书为我们提供了一套不可或缺的工具包,帮助我们在不确定性的"边缘"驾驭生活,同时创造我们自己独特的竞争能力,抓住机遇,投身变革,共同努力,持续改进。这是一本"必须要读"的书。

——Pat Reed,迪士尼环球影城 Gap 公司前执行官

丹佛大学、加州大学伯克利分校和伍德伯里大学研究员

iHoriz 公司的企业家和联合创始人

  本书正是我们帮助组织成功进行数字化转型所需要的。敏捷和适应性应该成为所有业务领域的一部分,在众多组织正在为如何转型的细节问题苦苦思索时,如果它们投资于正确的数字技术,或对所有的管理系统进行更加深入、广泛的变革,问题会迎刃而解吗?

  本书通过以技术为核心的理念,巧妙地回答了技术问题。本书第 2 章清楚、明确地阐述了这个概念,这些是我在 Gartner 工作了十年,想破了脑袋也没能弄明白的。我习惯于凭直觉去理解它,却没法用准确的语言来解

释,但是现在我可以了。仅此一章就足以证明本书的价值。

在同类型的管理方法中,我很欣赏精益价值树[⊖]的概念。组织往往苦恼于如何明确定义某一业务决策的价值,尤其是那些不能实现高投资回报率的决策。精益价值树为确定价值提供了一种简单而直接的方法,能够帮助企业更快、更好地做出投资决策。

我一直在寻找一本适合向我所在公司的管理者推荐的书,而本书正是我心目中的那一本。非常感谢作者。

——Donna Fitzgerald,NimblePM 公司执行董事
Gartner 公司前研究副总裁

本书是商业与技术领导者寻求更高绩效、更好文化和更可靠战略以确保组织成功的杰出读物。

本书提供了一整套清晰简洁的模型和方法,帮助我们将创新活动的重点放在实现目标的成果和选择上。本书是一本入门指南,可以指导领导者将战略与组织价值实现、客户满意度、商业成果联系起来。

——Barry O'Reilly,商业顾问,*Unlearn* 与 *Lean Enterprise* 的作者

敏捷作为一种广泛的业务概念已经成为主流思想。Jim Highsmith 从 20 世纪 90 年代初就专攻于此,是极少数在敏捷背后创造出如此有力洞见的软件巨匠之一。在本书中,这些洞见得到了进一步升华,并在数字化转型的挑战中得以验证。这些见解都极具价值。

——Robert D. Austin,毅伟商学院教授
Adventures of an IT Leader 的作者

无论是客户还是内部项目,我们都需要弄清楚如何让团队具有自主性,并且专注于共同的目标。本书描述的"EDGE 框架"提炼出了当前对如何

⊖ 一个商业战略和目标的视觉表示,用于创造共同理解和协调一致。精益价值树随着商业战略的演进而演进。——译者注

平衡这一难题的最佳理解。

——Martin Fowler，ThoughtWorks 公司首席科学家

如何将战略与落地实施关联、修正组织的规划过程，从而充分利用软件提供的灵活性，这是一个巨大的挑战。本书提供了解决该问题的框架。这是一本适用于任何致力于公司转型以使之能够在数字世界中保持竞争力的团队的必读书籍。

——Gary Gruver，Gruver 咨询公司总裁
惠普公司前研发总监，Macy's.com 质量保证、发布和运营副总裁

EDGE 打响了数字化时代敏捷组织的第一枪，直击阻碍创新文化落地的核心命门，值得每一位企业管理者以之为镜。面对数字化转型的浪潮，EDGE 勾画出了新型高响应力组织和与之匹配的数字化领导力的框架，可帮助迷茫中的企业和管理者找到方向。这是敏捷宣言签署者 Jim Highsmith 先生为推动整个社会数字化发展做出的又一项宝贵贡献，让我们有机会站在他几十年的经验之上去重新构想面向第四次工业革命的数字化企业。

——肖然，ThoughtWorks 中国区创新总监

做了近十年的转型顾问，参与了很多企业的数字化转型，同时也身为一个近百人团队的领导者，我被问到最多的问题是：如何做数字化转型？转型的第一步到底是什么？

对于转型框架来说，过于详细和过分简化的设计都不利于组织转型。EDGE 通过核心原则和框架定义整体难易程度，非常适合组织根据上下文对留白进行补充，从而应对不确定时代快速响应的需求。它明确了数字化转型过程中最核心的几点：第一，数字化转型的战略，定义好组织的愿景与目标；第二，战略不是一个空的口号，应具体到日常工作，并与战略对齐；第三，组织建立持续的反馈机制。同时，EDGE 又给组织保留了足够的空白，方便组织根据背景制定流程的细节。

自从 EDGE 框架内部版诞生，ThoughtWorks 就对其进行了广泛尝试，并已精心打磨五年。EDGE 很好地解决了我们在管理中遇到的问题：如何将战略的定位与方向有效地传达给每个同事？答案是：既不能过于具体而让大家失去主动性，又要保证整个团队齐心协力往一个目标前进，还能及时收到工作的进度反馈。我们在实践中发现，EDGE 是一个非常便于团队梳理目标定位、持续调整改进的管理框架。现在本书中文版终于出版了，希望它能帮助领导者更好地应对这个不确定的世界。

——刘传湘，ThoughtWorks 中国区咨询总监

数字化转型的核心目标之一是打造高响应力企业，而清晰、灵活、动态的投资决策方法在这个充满变数的时代不可或缺。在为多家客户提供咨询服务的过程中，我运用 EDGE 的原则与实践帮助他们梳理转型愿景、目标、投注与举措，凝聚力量，提升转型成效。这套方法行之有效。

——张岳，ThoughtWorks 首席咨询师

成功的数字变革常常意味着适度的顶层设计、快速的业务创新以及弥合其中的高响应力组织适配。本书是一个成功变革模式的清晰映射，它能够很好地帮助领导者厘清变革逻辑。同时，本书又是一部实操手册，应用其中的管理思想和实践能够有效地梳理变革路径及管理变革过程。

——马徐，ThoughtWorks 首席咨询师

推荐序一 Foreword 1

我们必须敏捷起来，才能在一个充斥着数字化颠覆和不断变化的世界中蓬勃发展。如何变得敏捷？回顾我的职业生涯，我大部分时间都在引领企业设计全新的运营及参与模式并提供建议，以使其通过采取截然不同的工作、思考和生存方式来推动数字化转型，实现企业的敏捷性。

该如何应对和管理环境中发生的变化？我最近一次担任美国企业高管，是在一家金融服务业的《财富》50强公司担任首席信息官兼首席敏捷官。这家市值350亿美元的金融服务公司在软件交付过程中融入了敏捷的核心价值观，从而大大提高了速度、质量和生产率——实现了更快、更好、更便宜！然而，经过几年的转型，我们遇到了规模化和持续发展的瓶颈。直到那时，我们才开始思考："我们应该如何转型，才能更好地在客户需要时提供其所需的能力？只是因为敏捷能支撑企业的敏捷性，它才显得特别重要吗？"

是身处转型过程中，还是即将开始转型？我发现所谓的规模化最终就是要创建一个精益治理框架，依靠这个框架来支持由授权团队、相关措施、新的运营及参与模式组成的网络。这比组建更多的敏捷团队或采用敏捷的思维方式复杂得多。

企业的敏捷性是衡量整个组织快速响应变化的能力的标准。每当一个新的机会或威胁出现时，敏捷企业会通过资源部署来获取优势，流畅地重塑自身，从而保持对当前环境的响应和对未来环境的呼应。上至首席执行官的目标设定，下至大楼保洁员的地板清洁，敏捷企业已经认识到，业务的方方面面都必须拥抱变化，都要敏捷起来。

本书将帮助你最大限度地释放敏捷效能。它将帮助你构建转型能力，并要求你培养拥抱与领导变革的能力。

与那些"胆识型领导者"一样，本书的作者思维开阔、行动大胆，对技术充满了热情。这种对技术的热情让他们认识到，对于21世纪的大多数企业来说，技术就是业务。这才是EDGE方法的真正与众不同之处。它是一种以技术为核心的综合运营模式，全面涵盖了影响当今组织发展的四个维度——速度、适应性、迭代和客户价值驱动。

为了支撑企业的可持续性发展，组织的设计应当充分考虑业务的敏捷性和响应力。作者的视角极为敏锐：问题并不是"你能快速行动吗？"，而是"你的行动足够快吗？"。在战略和执行之间建立联系的方法十分清晰——将愿景[⊖]与价值交付联系起来——这将有助于组织转型，帮助组织具备足够快的适应速度。引导你实现内部敏捷性——快速进行重大内部变革的能力——是敏捷企业的基本特征。只有组织内部的反馈机制发生变化，才能够达到这种敏捷程度。

无论转型之路进行到哪一步，都要明白数字化转型必定会耗费大量的时间与精力，并且充满了巨大的风险和挑战。同时，如果你能够拥抱变革并愿意寻求帮助，那么你应该感到欣慰，因为你可以引领组织以完全不同的方式运营。

Heidi Musser

LeadingAgile 执行副总裁兼首席顾问

USAA 公司前副总裁兼首席信息官

⊖ 企业存在的使命与任务，较为抽象但有挑战性。——译者注

推荐序二 Foreword 2

大型实体企业和互联网企业正在以越来越大的力度跨越数字和物理的业务边界进入对方的领域，并进一步在生态建设中相互渗透，根据各自的资源优势，在现有的局部生态中扮演主导者的角色，在其他生态中扮演参与者的角色。产业中出现了复杂的你中有我、我中有你、竞争与合作并存的局面。

为了应对崭新的业务格局，不少实体企业正在考虑或是已经走上数字化转型的道路。但就像在任何变革中看到的一样，衍生自旧有经验的思考框架和工具难以适应新的场景。数字化转型中的领导者一方面要维持运营支撑体系的合规和效能，保持现有高绩效业务的活跃生命力，为组织的进一步发展提供充沛的资源，另一方面还要为数年后不可预知的未来下注，孵化新的思路。在上述一切的基础上，领导者还面临更艰巨的挑战：要选择最具潜力的方向，建立愿景，并制定一系列可行的目标和举措，带领企业完成实质性的跃迁。这个方向可能是引领下一代业务或技术的新业务线，能为企业带来显著成长，也可能是对现有运营模式的重大调整，以应对竞争范式转移对当前市场的颠覆。

于是，企业内部和外部涌现出了诸多"混沌边缘"（edge of chaos）㊀。

㊀ "混沌边缘"是有序和无序之间的过渡空间，假设其存在于各种各样的系统中。这个过渡空间是一个有界且不稳定的区域，会在有序和无序之间产生持续的动态相互作用（https://en.wikipedia.org/wiki/Edge_of_chaos）。

在这样的边缘上，制定业务策略所依赖的假设正在快速发生变化。过去大而全的战略规划方法能够给人一种"一切还在掌握之中"的幻觉，但实际上，新浮现的信息无法及时驱动组织内部反馈环的动作，难以激活执行层面的调整。而且，对比指标看上去仍然强劲的主营业务，极高的失败概率让试验性的新兴业务不断考验着领导者的耐心。

传统的方法体系发达而完善，市场的监管规则、企业组织的设计以至于人们的思想模式都深深受到这些惯例的影响。但业界还是有不少有识之士看到了这一点，并尝试有所突破。2016年，Bjarte Bogsnes所著的《实施超越预算》一书描述了如何由事后报告和控制转变为引领持续地创造价值。不是仰仗详细的年度计划，而是围绕业务事件和节奏来组织流程，以滚动预算着眼未来趋势，在增强成本意识的前提下按需动态分配资源。如果说该书更多是从财务角度出发探索新形势下运营应该做出的变革，那么本书则更进一步，是在"混沌边缘"构建高响应力组织的指南。

ThoughtWorks的同人们总结多年的实践经验，提炼了应对这些挑战、提升组织响应力的诸多要素，可帮助企业构建和治理基于成效的轻量级战略，建设快速掌握环境动态的学习型组织，基于价值来灵活排列资源活动的优先级，设计从愿景到执行、在不同颗粒度上度量成功的标准，以及发展团队协作和领导力的新风格。本书是一个有用的"工具箱"，可供每一位在变化中寻求变化的胆识型参与者和推动者参考、借鉴。

张松，ThoughtWorks中国区总经理

译者序 The Translator's Words

作为专业咨询师，我观察到，最近几年很多企业的业务部门越来越深切地意识到，在这个充满变化的时代，企业应该成长为一个数字化组织，但在转型的过程中却往往不得其法。业务部门要求 IT 部门提供帮助，期望凭借最新的技术来进行价值创造。然而，IT 部门有成百上千个需要花费高昂的成本进行支持和维护的遗留系统，尽管愿意响应业务上的需求，但在漫长的项目周期与成本压力面前，显得力不从心。

如何在成本和已有能力的约束条件下响应业务部门的需求？如何转变成为业务部门的合作伙伴？第一次阅读本书时，我感到一扇窗户在我面前打开：EDGE 的出现给以上问题提供了很好的答案。它是一个寻求将企业投资组合做到价值最大化的运营框架，使企业得以快速地响应市场机遇，充分发挥所有人的能力，并有效地将组织的战略目标与执行能力紧密地联系在一起。

EDGE 强调对业务变更的管理以及将组织转型为数字化企业，而后者是通过改变投资资金的组合以反映新的企业战略和减少整体的转型风险来实现的。本书在推动数字化转型过程中的旁征博引和独到见解解答了我十几年 IT 从业经历中的许多困惑。

传统的投资组合管理方法包括一些刻意采用敏捷、精益原则的方法，往往以僵硬而层级化的方式被人们使用，这导致问题频繁产生。同样的流程并不适用于所有情况，我们需要一种适应性的方法，能让决策更加适应团队的实际情况，而不是停留在投资组合、项目集的层面。更重要的是，传统方法并非由成效驱动，它忽视了对商业价值点的关注。

EDGE 与传统管理方法相比有如下五个方面的不同：

1. 强调决策制定，而不是遵循既定的流程。
2. 强调投资于成效之上，而不是项目本身。
3. 强调不断优化的"举措"列表，而不是计划好的路线图。
4. 强调每个迭代要交付的价值，而不是故事点数量。
5. 支持适应性和创新性文化，而不是传统的等级文化。

译完本书，我相信 EDGE 作为敏捷核心原则的延伸，面向的就是企业数字化转型。ThoughtWorks 已经系统性地提炼出了数字化时代业务投资组合和项目集管理的新方法，并拥有丰富的实践经验和案例，以此来助力传统企业的数字化转型，最终建立适应这个时代的高响应力精益企业。这些方法包括三个关键部分：提高产品创新能力，建设世界一流的软件交付能力，以及形成鼓励协作和创新的企业文化。

本书适合在企业不同层级参与投资决策的人士阅读，自上而下地包括组织、投资组合、项目等。如果你目前正在某个部门管理投资组合，希望改变传统的管理方式，帮助组织进行基于价值的投资决策，那么本书是最为完备的指南。

感谢我的搭档笪磊和钱冰沁。翻译本书时，正值新冠病毒在全球肆虐，人们的生活受到疫情的巨大冲击。作为译者，我们心无旁骛、字斟句酌地完成了翻译工作。通过翻译，我们加深了对书中内容的理解，也更加坚信：数字化的意义绝不仅仅是提升企业投资回报率、体现其商业价值，而是通过不断拓展和满足人们更高层次的需要，深刻地改变社会生活方式，让世界变得更加美好。

感谢我的同事肖然、刘传湘、覃宇、张岳、王妮，他们在翻译过程中提供了许多专业的意见和建议。没有他们的大力支持，我们很难顺利完成本书的翻译。

感谢我的太太张慧。本书的翻译占用了我大量的业余时间，而这些时间我本应该陪伴她。尤其因为新冠肺炎疫情，我孤身在沪数月，而她留在武汉守护家人。没有她的理解和支持，我无法完成本书的翻译。

感谢机械工业出版社华章公司的编辑，他们逐字逐句地仔细检查、校对和修改，提高了译稿的质量。

最后，希望各位读者和我们一样，找一个相对闲暇的时间，清空思绪，潜心阅读本书。数字化转型是一段旅程，期待我们一起前进。

万学凡
2020 年于武汉

Preface 前言

数字化转型,这一话题吸引了众多行业中的高级管理者。他们试图延缓数字化颠覆的下一波冲击,避免组织重蹈百视达(Blockbuster)或柯达(Kodak)的覆辙。研究表明,绝大多数首席执行官都渴望数字化,但其中只有极少数人认为他们已经取得了成功。战略与执行之间存在着难以逾越的巨大鸿沟。

"EDGE"并不是缩写,它是一种表达方式,时刻提醒着我们数字化企业转型之路上的挑战、混乱和激动。"EDGE"一词来源于复杂适应性系统理论的"混沌边缘"(edge of chaos)的概念,它填补了数字化战略与价值交付之间必不可少的一环。转型需要持续创新,而这又需要一种敢于挑战现状的先锋文化。

"EDGE"是一种运营模式,它要解决的问题有:
- ❏ 在需要快速做出重要的响应时,人们应如何合作?
- ❏ 组织如何给基于愿景与目标的举措分配投资并监管?
- ❏ 组织如何学会足够快速地适应竞争激烈的市场以谋求发展?

你可能听过这样一个笑话:一个年长的成年人想要学习一些技术,却要向12岁的孩子请教。在当今的世界里,你不能成为那个成年人。执行数字化转型要求你必须从一个我们称之为"以技术为核心"(Tech@Core)的角度来看待技术。从Tech@Core的角度来说,不仅仅是技术人员,每个人都应该明白,技术将为我们提供新的机会,但这需要我们具备新的能力。

不幸的是，如果你的成功标准仅仅是能够保持现状，那就无法帮助你摆脱现状。要想成功转型，就必须改变这些度量标准。事实上，对于领导者来说，最棘手的变革之一就是绩效指标的变化。其中最深远的变革是从内部投资回报（ROI）到外部客户价值的关注点的变化，这从根本上说是视角的改变和决策制定的关键基础。同时，技术成功的度量标准也从成本与效率转变为速度与适应性。

你可能会问："谁是 EDGE 的目标受众？"传统的答案可能是首席执行官、首席信息官、首席数字官、首席营销官或首席战略官。但我们有不同的答案。

自 1993 年以来，ThoughtWorks 与世界各地上千家企业组织及领导者合作，通过技术推动商业变革。在与他们携手合作转型的旅程中，我们逐渐发现了一类新型领导者——胆识型领导者。当其他人仅仅是以"引入新平台、新商业模式"的手段对陈旧的传统行业进行重组时，他们却从实质上为传统行业注入了新的生机。他们思路开阔、敢说敢做、热情拥抱技术创新。我们由此相信，胆识型领导者将是商业世界中一股全新的颠覆性力量，他们的领导风格也将成为企业强大的竞争优势。[一]

无论你的职位是首席执行官、首席信息官、项目经理还是个人贡献者，我们认为向数字化企业转型的关键个人特征是在面对不确定性时要勇往直前。胆识型领导者会一次又一次地挑战现状。转型不适合胆小鬼，"EDGE"也不适合。

在各行各业的公司竭力适应数字化时代转变时，我们发现以下这些公司的领导者对技术的实施及应用原理有更深入的研究。他们在寻找新方法以适应新变化。真正的胆识型领导者热情地拥抱技术创新，坚定不移地推进技术变革。[二]

本书第 2～10 章分别侧重于确定投资机会，以及构建执行这些投资的

[一] Xiao Guo. "The Next Big Disruption: Courageous Executives." ThoughtWorks, July 20, 2017. https://www.thoughtworks.com/insights/blog/next-big-disruption-courageous-executives.

[二] 同上。

能力：第4~7章讨论机会，第2章和第8~10章讨论能力。

从"成本/效率"的旧数字化技术适应度函数向"速度/适应性"的新数字化技术适应度函数转变，要求企业采用与以往不同的技术方式。我们将这种观点称为"以技术为核心"，因为技术已经从支持能力转变为核心能力，从CEO到一般员工的每一个人都必须拥抱这种能力。第2章概述作为数字化转型的一部分所需要考虑的组件，包括从使用技术雷达到创建技术平台的各方面。

敏捷运动至今已经活跃了近20年，原因之一是2001年发表的敏捷宣言（Agile Manifesto）中所包含的价值观与原则造成了很大的影响。尽管人们一直努力对这些原则做出修订，但它们仍然是敏捷思想扩展的核心。近年来，新的敏捷实践和流程百花齐放，但敏捷核心价值历久弥新。

敏捷软件开发宣言

个体和互动高于流程和工具

工作的软件高于详尽的文档

客户合作高于合同谈判

响应变化高于遵循计划[一]

EDGE原则是敏捷核心原则的延伸，面向企业的数字化转型，其包括个人与团队、协作、时间适应性、客户价值和具体成果。第3章描述这些原则如何影响工作及相互协同。

第4章回答"我们应该如何投资"这个问题。我们首先阐述一个清晰易懂的业务愿景，再将实现该愿景的战略用一个由目标、投注和举措[二]组成

[一] "Manifesto for Agile Software Development." The Agile Manifesto, 2001. http://agile-manifesto.org/.

[二] "目标"是一个企业高层所用的可度量的战略目的，典型持续时间为2~5年；"投注"是一个针对"目标"实现的假设声明，将商业战略与产品策略和实施进行分离，允许组织以纪律的方式了解市场，并基于所学到的内容采取行动推进战略，其典型持续时间为6~12个月；推进"投注"的工作包含在一个"举措"中，"举措"的典型持续时间为1~6个月。——译者注

的精益价值树（LVT）来表述，然后，我们描绘出实现这一以价值为导向的业务战略表述的必要过程，以及它如何从根本上改变基于客户价值而非内部业务收益的投资分配。

尽管精益价值树用结果导向的术语描述了战略，但还必须确定如何度量这些成效。这就是第5章的主题。如果没有明确的成功度量标准（MoS），就只能凭主观随意判定成功或失败，得到大量没有可操作性的结论。得到正确定义与表述的度量标准将成为影响工作进展并实现预期成效的有效方式。

第6章涵盖使整个组织与价值交付保持一致的一个重要方面。产品思维模式将组织战略（精益价值树）与负责为客户提供价值的团队联系起来。建立这种产品思维模式的一个重要方面是运用试验性的方法来发现价值和组织所需的产品技术，从而将投资组合团队与交付团队联系并协调起来。

为了获得最大价值，需要将几种不同类型的工作合并到交付团队的综合待办列表中，以便交付团队能够有效地管理工作。第7章描述如何构建综合待办列表，并使用通用的度量标准（价值）来对不同的工作项进行优先级排序。一种工作类型是常规业务（BAU），我们在讨论业务敏捷性时常常忽略它，因为敏捷开发的重点是战略举措和创新。根据我们与客户合作的经验，通常大型企业80%的预算都花费在常规业务上，因此我们认为这是一个实现价值最大化的机会。我们对如何将EDGE原则应用于投资组合方面做了相应介绍。

敏捷和精益原则都引导我们去思考价值，并消除日积月累的组织开支。类似价值流程图这样的技术被用来优化那些僵化且延缓进程的过程和文档。治理是绝对必要的——执行官和领导者都被委以重任——但没有意义的管理费用是不必要的，因为它降低了速度和适应性。第8章描述治理与价值交付的竞争需求间的平衡方法。

第9章解决一个核心的EDGE问题："我们应该如何合作？"以快节奏、创新的方式合作，要求我们用一种特殊的方法来组织团队并做出有效、快速的决策。本章深入探讨自治团队、协作决策的概念，以及如何协调组织从而交付以成效为导向的结果。传统的职能团队在变革的环境中备受煎熬，甚至新的"赋能"团队也做得远远不够（虽然"赋能"被过度使用，几乎失去了它的意义）。

第 10 章有助于回答关于 EDGE 的两个关键问题："我们应该如何合作？""我们如何才能足够快速地适应？"自治团队有很大的决策权，但他们仍然需要指导与领导。问题是，需要何种类型的领导力？传统的管理往往带有"指挥与控制"的标签，而现代的模式则有着各种各样的名称——我们使用"适应性领导力"来描述这一概念。本章将深入探讨当今胆识型领导者必需的领导行为。

第 11 章是本书的最后一章，总结本书的要点，并展望未来的前景。

这些原则、实践和工具是从我们与全球众多客户的合作中整理出来的，经过了反复的验证，并发展成为我们乐于与大家分享的知识体系。

Jim Highsmith，科罗拉多州拉斐特
Linda Luu，加利福尼亚州旧金山
David Robinson，科罗拉多州埃弗格林
2019 年 8 月

致　谢 Acknowledgements

感谢我们社区的热情支持者对本书的支持、意见、反馈和贡献。特别感谢我们的客户，他们推动并延伸了我们进一步为行业定义新工作模式方面的努力。

特别鸣谢 ThoughtWorks 的同事，他们是这一不断发展的知识体系的发起人、智囊团和贡献者：Dan McClure、Sriram Narayan、Kylie Castellaw、Gary O'Brien、Rujia Wang、Kraig Parkinson、Natalie Hollier、Joanne Molesky、Chad Wathington、David Whalley、Darren Smith、John Spens、Rebecca Parsons、Jackie Kinsey、Angela Ferguson、Mike Mason、Brandon Byars、Anne Smith、Patti Purcell 和 Lauren David。

感谢我们的行业同人，其中一些已经与我们合作多年：Sam Bayer、Heidi Musser、Donna Fitzgerald、Jurgen Appelo、Rob Austin、Barry O'Reilly、Vickie Hall 和 Pat Reed。感谢 Cannon Mine 咖啡店的员工，在漫长的写作期间，他们每个早晨都向 Jim 供应咖啡和点心。

感谢平面设计师 Shabrin Sultana 和出品顾问 Gareth Morgan。

感谢培生（Pearson）的优秀员工在书稿编辑和制作过程中提供的支持：Haze Humbert、Chris Zahn 和 Julie Nahil。感谢自由撰稿编辑 Jill Hobbs。

About the Authors 作者介绍

吉姆·海史密斯(Jim Highsmith)是 ThoughtWorks 公司的执行顾问。在 50 多年的职业生涯中,他曾是 IT 经理、产品经理、项目经理、咨询顾问、软件开发者和作家。他在过去 20 年里一直是敏捷软件开发社区的领导者。

他是《敏捷性思维:构建快速更迭时代的适应性领导力》(*Adaptive Leadership: Accelerating Enterprise Agility*)(Addison-Wesley,2014)、《敏捷项目管理:快速交付创新产品》(*Agile Project Management: Creating Innovative Products*)(Addison-Wesley,2009)、《自适应软件开发》(*Adaptive Software Development: A Collaborative Approach to Managing Complex Systems*)(Dorset House,2000)、《敏捷软件开发生态系统》(*Agile Software Development Ecosystems*)(Addison-Wesley,2002)等书的作者,其中《自适应软件开发》一书荣获了赫赫有名的计算机图书震撼大奖(Jolt Award)。他还是 2005 年国际史蒂文斯系统开发杰出贡献奖的获得者。

他是"敏捷宣言"的签署者,敏捷联盟的创始成员,"项目领导人协作宣言"的签署者,敏捷领导力网络的联合创始人及第一任主席。他曾为美国、欧洲、加拿大、南非、澳大利亚、巴西、中国、日本、印度和新西兰的 IT 组织、产品开发组织及软件公司提供咨询。

琳达·刘（Linda Luu）是 ThoughtWorks 北美公司的顾问兼数字化转型主管。她在设计思维、大数据及分析、投资组合管理和敏捷交付等领域拥有 20 年的工作经验，致力于帮助那些寻求更快响应客户不断变化需求的组织建立新的能力。

2010 年，她对一家大型银行的产品开发速度和组织变革感到失望，于是离开澳大利亚，前往美国学习更好的工作方式。在这期间，她有幸和一群出众的伙伴合作，他们针对组织如何在宏观和团队层面上运作做出了新的尝试。得益于这段经历，她能将在当今技术变革所推动的环境中建立组织响应能力的经验教训、故事和许多挑战与大家分享。她曾与来自澳大利亚、北美、加拿大、南非和巴西的众多客户合作。

她是罗格斯大学大数据认证项目（Rutgers Big Data Certificate Program）的董事会成员，拥有商业（金融）和科学（应用数学）双学位，以及澳大利亚管理研究生院工商管理硕士学位。她已婚，并且是一位伟大的母亲。

大卫·罗宾逊（David Robinson）是 ThoughtWorks 公司的首席顾问，专注于帮助客户推动数字化转型。他是 ThoughtWorks 响应性组织解决方案的全球领导者，曾为推动全球金融服务、交通、物流、零售和娱乐业数字化转型的大型企业提供咨询服务。

他在信息技术领域拥有 30 多年的领导经验，曾担任首席信息官等领导职务。他曾经营三家初创企业（两家成功，一家失败），还曾在科技以外的领域担任几年的业务部门领导。他一直致力于创造新的工作方式以建立更好的人性化组织，从而释放创造性人才的才华和激情。

Contents 目录

本书赞誉
推荐序一
推荐序二
译者序
前言
致谢
作者介绍

第1章 全局视野 ………………… 1
1.1 探索 EDGE ………………… 5
1.2 敏捷是足够快的关键 …………… 6
1.3 构建组织响应能力 …………… 8
1.4 面向客户价值的适应度函数 … 9
1.5 这不容易，却是当务之急 …… 14
1.6 结语 ………………………… 15

第2章 以技术为核心——
Tech@Core ……………… 18
2.1 数字化企业：Tech@Core … 19
    2.1.1 Tech@Core 的演进 ……… 19

2.1.2 制定技术战略 …………… 23
2.1.3 重大变革与趋势 ………… 26
2.1.4 创建技术雷达 …………… 29
2.1.5 减少技术债 ……………… 31
2.1.6 投资决策让企业核心
系统起死回生 …………… 33
2.2 数字技术平台 ………………… 34
    2.2.1 消除摩擦 ………………… 35
    2.2.2 构建资产生态系统 ……… 37
    2.2.3 试验 ……………………… 39
2.3 谁制定技术战略 ……………… 39
2.4 结语 …………………………… 41

第3章 EDGE 原则 ……………… 42
3.1 基于成效的战略 ……………… 45
3.2 基于价值的优先级排序 ……… 45
3.3 轻量级规划和组织治理 ……… 46
3.4 适应性和学习型的文化 ……… 47
3.5 自治团队 ……………………… 48
3.6 跨职能和协作式决策 ………… 49

3.7 结语 ⋯⋯⋯⋯⋯⋯⋯⋯⋯⋯⋯⋯⋯ 50

第 4 章 构建价值驱动的投资组合 ⋯⋯⋯⋯⋯⋯⋯⋯ 51

4.1 战略与精益价值树 ⋯⋯⋯⋯⋯⋯ 53
 4.1.1 定义目标、投注和举措 ⋯ 54
 4.1.2 描述价值驱动的投资组合 ⋯⋯⋯⋯⋯⋯⋯⋯ 56
 4.1.3 战略投资组合所有权 ⋯⋯ 57
4.2 不断演化的精益价值树 ⋯⋯⋯⋯ 60
 4.2.1 增加新目标 ⋯⋯⋯⋯⋯⋯ 60
 4.2.2 增加新的投注或举措 ⋯⋯ 61
4.3 资金分配 ⋯⋯⋯⋯⋯⋯⋯⋯⋯⋯ 62
4.4 结语 ⋯⋯⋯⋯⋯⋯⋯⋯⋯⋯⋯⋯ 67

第 5 章 价值度量与优先级排序 ⋯ 69

5.1 为何度量标准如此重要 ⋯⋯⋯⋯ 69
5.2 确定成功的度量标准 ⋯⋯⋯⋯⋯ 70
 5.2.1 客户价值 ⋯⋯⋯⋯⋯⋯⋯ 70
 5.2.2 商业成效 ⋯⋯⋯⋯⋯⋯⋯ 71
 5.2.3 活动度量标准 ⋯⋯⋯⋯⋯ 71
 5.2.4 领先和滞后的度量标准 ⋯ 71
 5.2.5 度量标准的数量 ⋯⋯⋯⋯ 73
5.3 将 MoS 应用于投资组合 ⋯⋯⋯ 74
5.4 价值优先级排序 ⋯⋯⋯⋯⋯⋯⋯ 75
 5.4.1 优先级排序方法 ⋯⋯⋯⋯ 75
 5.4.2 管理战略性待办列表 ⋯⋯ 79
 5.4.3 优先级排序的挑战 ⋯⋯⋯ 80
5.5 结语 ⋯⋯⋯⋯⋯⋯⋯⋯⋯⋯⋯⋯ 81

第 6 章 建立产品思维模式 ⋯⋯⋯ 83

6.1 从项目转变为产品 ⋯⋯⋯⋯⋯⋯ 84
6.2 组织中的产品人员 ⋯⋯⋯⋯⋯⋯ 86
6.3 产品和投资组合团队之间的协作 ⋯⋯⋯⋯⋯⋯⋯⋯⋯ 88
6.4 定义产品与精益价值树之间的联系 ⋯⋯⋯⋯⋯⋯⋯⋯⋯ 89
6.5 定义产品 ⋯⋯⋯⋯⋯⋯⋯⋯⋯⋯ 94
 6.5.1 产品蓝图的核心要素 ⋯⋯ 94
 6.5.2 什么是产品蓝图 ⋯⋯⋯⋯ 97
 6.5.3 可视化和可交流的产品蓝图 ⋯⋯⋯⋯⋯⋯⋯⋯ 99
6.6 创建敏捷产品待办列表 ⋯⋯⋯⋯ 99
 6.6.1 为什么 MVP 只是一个开始 ⋯⋯⋯⋯⋯⋯⋯⋯⋯ 100
 6.6.2 精益切片：MVP 的另一种划分方法 ⋯⋯⋯⋯ 101
 6.6.3 架构上的思考 ⋯⋯⋯⋯⋯ 104
6.7 结语 ⋯⋯⋯⋯⋯⋯⋯⋯⋯⋯⋯⋯ 105

第 7 章 战略和常规业务整合的投资组合 ⋯⋯⋯⋯⋯⋯⋯⋯106

7.1 回到现实 ⋯⋯⋯⋯⋯⋯⋯⋯⋯⋯ 106
7.2 整合多个待办列表 ⋯⋯⋯⋯⋯⋯ 107
7.3 待办列表的组件 ⋯⋯⋯⋯⋯⋯⋯ 108
 7.3.1 战略 ⋯⋯⋯⋯⋯⋯⋯⋯⋯ 108
 7.3.2 常规业务 ⋯⋯⋯⋯⋯⋯⋯ 109
 7.3.3 常规业务工作的类型 ⋯⋯ 109
 7.3.4 能力 ⋯⋯⋯⋯⋯⋯⋯⋯⋯ 112

7.3.5　合并战略和常规业务
　　　　　投资组合 ………… 114
7.4　优先级排序 ……………… 115
　　　7.4.1　传统的解决方案 ……… 116
　　　7.4.2　更好的解决方法 ……… 117
　　　7.4.3　针对组件的战略 ……… 118
　　　7.4.4　相对值与绝对值 ……… 119
　　　7.4.5　少做点 ………………… 119
　　　7.4.6　团队优先级排序 ……… 121
　　　7.4.7　WIP ……………………… 122
　　　7.4.8　对价值和工作量评分 … 123
　　　7.4.9　上报流程 ……………… 124
　　　7.4.10　不完美的优先级 …… 125
7.5　结语 …………………………… 126

第 8 章　轻量级治理 ………… 127
8.1　迷失目标的治理 ……………… 127
8.2　建立轻量级治理 ……………… 128
8.3　定期价值评审会 ……………… 132
8.4　重新平衡投资组合 …………… 133
8.5　定期价值评审仪表台 ………… 136
8.6　结语 …………………………… 136

第 9 章　自治团队与协作决策 … 137
9.1　你并不孤单 …………………… 137
9.2　自治团队 ……………………… 138

　　　9.2.1　团队组成：从跨职能团队
　　　　　向自给自足的团队转变 … 141
　　　9.2.2　信任关系 ……………… 143
　　　9.2.3　责任与自治 …………… 145
　　　9.2.4　创造培养自治的环境 … 147
9.3　EDGE 团队 …………………… 148
　　　9.3.1　价值实现团队 ………… 148
　　　9.3.2　投资组合团队 ………… 150
9.4　协同的、自给自足的决策 …… 153
9.5　组织与业务能力保持一致 …… 160
9.6　结语 …………………………… 163

第 10 章　适应性领导力 ……… 164
10.1　什么是适应性领导力 ……… 164
10.2　鼓励适应性思维 …………… 167
10.3　引领变革 …………………… 169
　　　10.3.1　正视焦虑 …………… 170
　　　10.3.2　克服恐惧文化 ……… 171
　　　10.3.3　精益切片变革策略 … 172
　　　10.3.4　无须改变 …………… 176
10.4　大胆革新 …………………… 176
10.5　驾驭矛盾 …………………… 178
10.6　激励他人 …………………… 181
10.7　结语 ………………………… 182

第 11 章　EDGE：探索转型的
　　　　　未来 ………………… 183

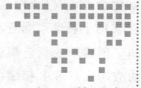

第 1 章 Chapter 1

全 局 视 野

谁能从这迷惘的海中
抱有出头的希望,真是幸福!
我们不知者,正合我们所用,
我们所知者,却没有用处。

——约翰·沃尔夫冈·冯·歌德,《浮士德》第 1 部分

数字化企业、第四次工业革命、精益企业——现在各种文献和著作中充斥着无数除旧布新的劝告。你对此作何回应?你的数字化战略到位了吗?你打算怎样"实现"这一战略?你的企业是否在一个机会成倍增长的世界中获得了递增的成效?无论你的目标是让组织成为一个促进广泛创新的数字化企业还是实施数字化战略,你的转型愿景是否因为执行不力而受挫?

世界经济论坛执行主席 Klaus Schwab 毫不夸张地说:"我们站在技术革命的边缘,而这将从根本上改变我们的生活、工作和相互联系的方式。从规模、范围和复杂性来看,这一转变将不同于人类以往所经历的一切。"⊖

⊖ Klaus Schwab. " The Fourth Industrial Revolution: What it means, how to respond. " World Economic Forum, January 14, 2016. https://www.weforum.org/agenda/2016/01/the-fourth-industrial-revolution-what-it-means-and-how-to-respond/.

你可以将数字化企业（或公司）看作已经完成从工业时代向数字化时代的转变。在互联网上搜索"数字化企业"，会跳出诸如"利用技术获取竞争优势"和"创建新的商业模式"这样的字眼，但这些定义是非常不足的。技术的应用和新业务模型的创建固然重要，但最关键的部分是改变你的文化，使其逐步演变并快速适应。这种文化变化应当贯穿整个组织，而不仅仅是技术部门。此外，本书专注于"转型"一词的动词形式，而不是名词形式。这是因为大多数组织并没有完成"转型"，而是正在"转型"中。

> **定义 数字化企业**：一个正在进行自我转型的企业，通过接纳适应性的文化、运用以技术为核心的理念、创造新的商业模式来迎接后工业数字化时代的挑战。

企业面临着一个问题：获得机会与利用机会的能力之间的差距正不断扩大。技术进步带来了机遇，然而企业自身的能力——不论是数字化战略开发、投资组合管理，还是软件交付——往往难以跟上机遇的步伐。技术或其他重要影响因素（如全球化或气候变化）所带来的变化，对我们的快速适应能力发起了巨大的挑战。许多组织都被过时的管理模式所困扰，导致其预期战略难以实现。例如，组织中的敏捷团队每两周交付一次功能，却要以年度为周期规划预算，这现实吗？

就是现在

事实上，在2017年麻省理工学院信息系统研究中心（CISR）对全球高级领导层进行的调查中，有413名高级管理人员表示，由于数字化颠覆，他们的公司在未来五年中可能面临平均28%的收入损失风险。[1]

---

[1] Peter Weill, and Stephanie Woerner. "Why Companies Need a New Playbook to Succeed in the Digital Age." *MIT Sloan Management Review* [Blog], June 28, 2018. https://sloanreview.mit.edu/article/why-companies-need-a-new-playbook-to-suc ceed-in-the-digital-age/.

在复杂性理论中，有一个叫作"混沌边缘"的概念㊀。这个"边缘"介于随机性与结构性之间，却是能产生最大学习效果的所在，能为创新构建最佳的环境。要在"边缘"保持平衡，需要所有人能在一个更加杂乱却激动人心的领域里工作，在这个领域中，不确定性被大家接受，而解决方案可能是转瞬即逝的。这不是一个安全或舒适的所在，却能让组织创造未来。重要的问题并不是如何适应快速变化的环境，而是如何足够快地去适应。此外，数字化战略与执行之间所缺少的环节比传统的投资组合管理要复杂得多。我们将这个缺失环节称为 EDGE，因为转型（或转变）需要持续创新，而创新需要一种敢于挑战现状的前卫文化。

> **EDGE**
> EDGE 并不是一个由首字母联合而成的词，它是一种情感的传达，会让人们想起在企业数字化转型中处处都有挑战、有混乱，更有激动人心的时候。

建立不断发展和不断适应的能力对于组织的转型至关重要。今天，变革的加速度压倒了大多数组织吸收与应对变革的能力。你可能很快，但你足够快了吗？随着时间的推移，你能保持适应能力吗？有效的数字化转型不是为胆小鬼准备的，而是为了那些勇敢、坚韧、徘徊在混沌边缘的人。有些组织认为有一个移动应用程序或数据湖就行了，他们并不明白转型更多的是关于文化、思维方式以及其中所体现的原则。这才是最难的部分。敏捷软件开发已经有近 20 年的历史，然而仍然有一些组织认为只要能实现一两种实践——比如迭代、结对编程、日常会议就足够了。如果坚持这种狭隘的定义，他们就没法接受真正的敏捷核心文化价值观。

在与零售业、金融业、运输业及其他行业的企业合作中，我们看到，一些组织正在努力提高响应能力，特别是对客户的响应能力。众多组织发

㊀ Margaret J. Wheatley. *Leadership and the New Science: Learning about Organizations from an Orderly Universe*. Berrett-Koehler, 1992.

现，仅仅拥有敏捷软件交付能力是远远不够的。我们曾与一家大型跨国金融公司合作，该公司对于利用 DevOps 提高速度和敏捷性很感兴趣。但我们的评估指出，该公司花费了大量的时间进行规划（这在大企业中并不少见），而 DevOps 并非它的解决方案。组织需要重新审视如何使整个价值流变得更加敏捷，而不是将 DevOps 作为实现最终目标的手段。

同样，组织在向更具创新性的数字化企业转型的过程中可能会发现，其业务与技术职能之间存在战略错位。无论是业务敏捷性还是战略一致性，从战略到执行的现有运营模式都存在缺陷。这些方法可能看起来是敏捷的或自适应的，而实际上它们只是乔装打扮的传统流程，既笨拙又官僚。它们欺骗了传统的管理者，让他们自认为正在取得进步——但其实它们并不鼓励创新或冒险。EDGE 是一种介于愿景和交付之间的运营模式，而这一关键环节常常是这些方法所缺失的。图 1-1 描述了 EDGE 的上下文。

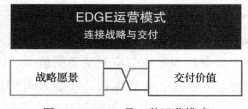

图 1-1　EDGE 是一种运营模式

麦肯锡的一项研究表明，"IT 组织被要求以极快的速度进行创新，以支持其公司雄心勃勃的数字化愿望（85% 的受访者希望其运营模式大部分或全部数字化，而目前只有 18% 的受访者已经实现）"⊖。绝大多数的组织都有数字化的愿望，但只有 18% 的组织认为自己是成功的。为什么会有如此之大的差距？因为雄心壮志与知道如何实现雄心壮志之间有很大的区别。EDGE 致力于通过定义一种运营模式来弥合这一"战略－交付"的差距，建立一个能够快速响应客户需求和新兴技术的企业。

⊖　"Can IT Rise to the Digital Challenge?" McKinsey & Company, October 2018.

> **构建新一代运营模式**
>
> 他们已经开发出新一代运营模式，能够提供速度、精度和适应度，快速发掘新的价值来源，并从根本上降低成本。未来的运营模式将数字技术和流程改进能力以一种综合的、有序的方式结合在一起，以大幅度改善客户旅程和内部流程。
>
> ——João Dias、David Hamilton、Christopher Paquette 和 Rohit Sood，"How to Start Building Your Next-Generation Operating Model"，*McKinsey Insights*，2017 年 3 月

1.1 探索 EDGE

EDGE 的运营模式包含了一套可以使你的组织实现组织响应性的原则和实践⊖。EDGE 回答了关于转型的三个基本问题：我们应该如何合作？我们应该如何投资？我们怎样才能足够快地适应？EDGE 的设计宗旨使它在面对创新和转型的企业战略时大放异彩。从运营模式的角度来看，企业需要接受 EDGE 的概念、原则和实践。从投资组合管理的角度来看，正如第 5 章和第 7 章所述，你可以管理整个 IT 投资组合，关注 10%～20% 的具有战略性和变革性的投资组合，同时兼顾常规业务（BAU）投资的整合。EDGE 是快速的、迭代的、自适应的、轻量级的和价值驱动的。

对于"我们应该如何合作？"这个问题，答案是你必须了解团队如何发展，以应对不断加速变化的大环境；对于"我们应该如何投资？"，答案是你需要学会分配投资和监控决策，以便更快地适应未来；对于"我们怎样才能足够快地适应？"，答案是你只有不断地学习和快速地适应，才能建立超越竞争对手组织的勇气。

转型不仅仅在于将金钱和时间投资到哪里，同样重要甚至更为重要的是如何合作。敏捷软件交付团队已经学会在短周期内计划和交付、成功地

⊖ 尽管"响应性"和"敏捷性"可能有略微不同的含义，但本书将交替使用这两个术语。

度量成效、进行探针试验、收集每个周期的反馈，并在自治团队中协作。敏捷团队的"工作"与传统的软件团队所做的大不相同。

EDGE旨在通过强调适应性的重要程度来应对市场的不确定性。它可以帮助你创建从愿景到需求执行的详细举措之间的连接。它的基础是进行增量投资，而不是大规模的前期融资。EDGE通过调整投资组合来反映新战略，并以此来降低风险，为变革管理和企业数字化转型提供支持。

在大型企业中，年度计划周期已成为惯例。通常，某种形式的战略规划过程将确定一个关键计划与项目的列表。每一个计划和项目的估算都会被纳入一个冗长的预算编制过程中。在一个以价值为中心的世界里，可以用根据待实现的业务成效增量提供资金，来代替前期计划资金。你可以使用"成功的度量标准"（MoS）来衡量业务成效，MoS描述了你愿意为之支付的价值。当向企业展示价值并概述实现价值的成本时，可以据此进行预算。

EDGE关注组织中的决策制定。信息（包括数据、电子表格、分析、文档、调查等）对帮助你规划成功之路至关重要。但归根到底，仅仅有信息是不够的。要想成功，你的决策必须由经验、判断力、勇气和直觉来决定。

请注意，这个公式不是"非此即彼"，而是"兼而有之"。它不是分析或者直觉，而是两者的结合。公司每天都面临着成千上万的新机会，并且会对这些机会做出数百种可能的反应。杰出的企业领袖具有一种本能，那就是在对现有的不完整数据进行研究之后，往往能够做出正确的判断。

1.2 敏捷是足够快的关键

从管理人员到交付人员，整个组织都需要采纳一种积极感知市场并有效应对变化的组织文化，你可以将这种文化称为敏捷、响应性或适应性。扩展敏捷性更多的是依靠改变组织的文化，而不是依靠构建更大的东西。许多敏捷/精益扩展框架专注于规划和构建"更大"的东西。不幸的是，它们倾向于采用传统的重量级方法，包括过分强调文档和流程。而真正需要做的是关注"更好"而不是"更大"。规模化敏捷（在负责大型项目时）

也许是个难题，但它并不比快速学习与适应的挑战更重要。实施数字化战略，或成为数字化企业，必须由产品创新、战略创新、技术创新、投资组合管理创新、成功的度量标准创新、组织创新等驱动。向数字化企业转型首先需要集中精力设计使战略和交付一致的更好的方式。一旦做到了这一点，你就可以专注于更大的目标。绝大多数（但不是所有）的创新都不是宏伟的事业，而是充满了不确定性。

规模化敏捷也许是个难题，但它并不比快速学习与适应的挑战更重要。

十多年来，本书作者在ThoughtWorks的工作中逐步发展EDGE。他们曾与电信、金融服务、保险和零售行业的客户合作，这些行业在当今的数字化时代面临着重大的颠覆。

最大化敏捷的价值

"我到底做错什么了？"一位娱乐业客户的首席执行官感叹道。这种忧虑获得了许多高管的共鸣，他们都自认为很好地实现了敏捷实践，因为他们已经从需要几个月甚至几年才能交付产品，提升到每天持续交付。然而，他们交付的是错误的产品投资组合。当我们开始与这位首席执行官合作时，我们意识到他的根本问题是战略和交付之间的连接不良问题。他有一个合理的数字化战略，他的敏捷交付团队能够很好地适应变化，但是他们的投资组合决策毫无计划可言。遗留系统耗尽了他的全部预算，几乎没有资金能分配给未来。竞争对手正在积极抢占市场份额，迫使公司不得不采取"追赶"战略，为追上竞争对手而不断调整各项工作的优先级排序。

我们发现，将敏捷的软件交付方法扩展到许多团队中，与确定能够实现其战术及战略目标的举措的正确组合有着极大的区别。通过对以结果为导向的目标的考量，他们能够将投资决策的重点重新放在这些目标上，并减少其他类别的投资。

1.3 构建组织响应能力

在过去的十年中,企业投入了大量资金,帮助其软件交付团队学习敏捷交付实践,希望这些实践能够帮助团队减少浪费,通过协作和更高质量的输出做出更好的决策,并能快速响应。最终,这种工作方式使领导者能够引导组织实现更大的客户价值。然而,正如之前那位首席执行官的故事中讲到的,正在实践大规模敏捷软件交付的组织仍感叹他们无法感受到敏捷中承诺的价值。

为了有效地构建组织的响应能力,战略必须被分解成可进行优先级排序的小的价值投资组合。目标越大,需要的时间越长,而小目标能更快实现。要让自己变得具有响应力和适应性,你需要从小处着手,快速交付,并从反馈中迅速学习。这些小举措使人们更清楚地了解,投资是否分配到了正确的领域,或者是否需要作出调整。你需要轻量级组织治理和适应性领导力,以应对外部压力、提高敏捷性,并关注价值。此外,团队必须以一种增量的、自适应的方式频繁发布,更快地从客户和领导者那里获得反馈。

图 1-2 是组织如何才能更好地追求新的、现有的市场机会,并为所做的投资提供更高价值的模型。构成响应型组织的第一个组件是执行愿景,它表述了组织计划如何在未来更好地发展。

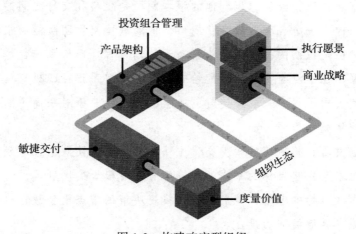

图 1-2　构建响应型组织

商业战略说明了商业组织想要如何实现以客户成效为目标的愿景。关注客户成效和价值，而不是诸如投资回报率（ROI）这样的内部业务收益，这正是 EDGE 的核心。

EDGE 的下一个组件及主要关注点是投资组合管理。投资组合被分解成小的部分。资金根据最高价值逐步分配，以获得更高的成功概率。这种项目组合分解使低价值的工作得以停止，组织将其工作指向最高价值，并限制正在进行的工作数量，这样团队可以每次只专注于一件事。产品架构将目标转化为可操作的工作集合，敏捷团队可以以增量的方式交付并度量成果。敏捷交付使用短迭代、设计思维、重构、持续交付和演进式架构等实践快速构建有效的解决方案。

最后，用价值度量标准来指导各级团队根据交付的成效进行评估，而不是用成本多少或是否满足预定的交付日期来衡量。虽然成本和进度很重要，但它们只是限制因素，而不是目标。这些度量标准被分解，用来指导团队创造价值。

1.4 面向客户价值的适应度函数

对于正在经历数字化转型的领导者，尤其是高管和经理来说，最令人不安的变化之一是绩效指标的变化。其中最为深刻的是从内部 ROI 到外部客户价值的转变。虽然这看起来只是一个度量标准的变化，但从根本上是一个视角的变化、一个在直觉层面上的决策基础的变化。这意味着，高管首先要问的问题不再是"这将如何影响我们的底线"而是"这将如何影响我们向客户交付价值"。这一变化意味着坚信提高客户价值是提高 ROI 的关键驱动因素。但 ROI 并不是目标，而是一个约束。你需要盈利才能继续提供客户价值。正如第 5 章中的进一步解释，ROI 是一种业务收益（内部）的度量，而不是一种客户价值（外部）的度量。

2007 年是一个史诗般的转折点，在经济领域与特定企业中都引发了动荡。Thomas Friedman 在他的 *Thank You for Being Late*[一]一书中，将 2007 年描绘成多种技术取得成果，并推动"数字化"加速进入高速发展的一年。苹果公司推出了 iPhone，Hadoop 开创了大数据时代，GitHub 成倍地提高了软件开发能力，Facebook 和 Twitter 扩大了社交媒体的覆盖范围和影响力，Airbnb 展示了小公司利用这些新技术可以发展到怎样的高度，Kindle 改变了图书阅读与出版业务的形式，谷歌推出了 Android 手机操作系统。所有这些技术的融合使得新公司的规模变得更大，例如 Airbnb（它自身并没有一张客床，却比所有主要连锁酒店的客床加起来更多）。因此，2007 年是区分前数字化世界与数字化世界的拐点。

"复杂性理论"[二]包含一个被称为适应度函数的概念[三]。适应度函数总结了特定的度量标准，用来评估解决方案距离达到既定目标还有多远。换言之，它推动一个生物（生物学）或一个组织（经济学）实现其目的——生物得以生存并繁衍，组织得以发展和延续。随着机会呈指数级增长，你需要一个流程、一个适应度函数，才能聚焦现在及将来的投资。你需要构建能力、现代技术平台、学习和适应性实践——这些都是由一套价值观与原则驱动的。正如将在后面的章节中看到的，EDGE 可以应对机遇与能力方面的挑战。企业从前数字化世界向数字化世界转型会面临两个方面的挑战：第一，必须改变适应度函数；第二，必须利用资源使这种变化足够迅速。即使是最好的组织也将面对这两者发起的挑战。

> 不是强者生存，也不是智者生存，而是适者生存。
> ——查尔斯·达尔文，英国博物学家

从前数字化时代到数字化时代，适应度函数或是业务目标（表 1-1）已

[一] Thomas L. Friedman. *Thank You for Being Late: An Optimist's Guide to Thriving in the Age of Accelerations*. New York: Farrar, Straus and Giroux, 2016.

[二] 复杂性理论的背景知识参见 John H. Holland. *Emergence: From Chaos to Order*. Reading, MA: Addison-Wesley, 1989.

[三] 复杂性理论中的一个相关概念是适应地形（fitness landscape）——想象一个山脉，它描述了实体（代理）试图向上移动到其适应度函数的更高值的各种可能性。

经从关注 ROI 转变为关注客户价值。在一个确定性更强的世界里，ROI 目标是有意义的。而在当今充满不确定性的世界里，情况却并非如此。在 2007 年后的世界里，客户价值变得更加重要。从以 ROI 为目标到以客户价值为目标的转变意义深远，经验表明，转型是一件非常困难的事情。此外，许多组织已经懊悔地发现，试图在不改变业务适应度函数的情况下改变技术适应度函数，是他们失败的一个重要原因。

表 1-1 改变适应度函数

适应度函数	前数字化时代	数字化时代
业务	投资回报率	客户价值
技术	成本/效率	速度/适应性

批评者可能会说，客户价值太过空泛难以度量，而 ROI 是一个有形的度量标准，因此更为有效。在 *How Leaders Build Value*⊖一书中，作者指出，一家公司 85% 的市值可以归因于领导力、文化和专利等无形因素。投资者通过观察随时间变化的收益波动来确定他们将要买入的价格（这会推动市场资本化），而无形资产推动了波动性——史蒂夫·乔布斯（Steve Jobs）在苹果公司的领导能力就可以充分证明这一点。看看今天高科技公司的市值和传统公司的市值——这些市值有多少是由无形因素带来的？

> **不断变化的竞争环境**
>
> 我们从客户身上学到一件事：通常具有竞争优势的流程、实践或软件系统会成为组织竞争力的强大支柱。有一家大型金融公司，它的成功建立在一个核心软件应用程序上，代理人在与客户及潜在客户合作时会使用该应用程序。这个应用程序太过于复杂，以至于该公司担心客户不会去使用它，所以其打算迁移到一个客户交互系统。从一个面向内部代理人的系统转变为一个基于互联网的自助服务系统，这意味着公司商业模式的根本改变。在市场上的关键优势是什么——这成了改变的锚点。

⊖ Dave lrich, and Norm Smallwood. *How Leaders Build Value: Using People, Organization, and Other Intangibles to Get Bottom-Line Results.* Hoboken, NJ: Wiley, 2006.

鉴于当今商业环境的动荡与不确定性，选择正确的客户价值和其他无形因素的度量标准可能会令人望而生畏。然而，你所需要的关键能力之一，正是发现并利用这种动荡所带来的机遇的能力。一个公司利用机遇的能力需要许多无形的因素，这些因素对维持源源不断的收益至关重要。客户价值分为有形（财务的）和无形两部分，无形资产对长期成功至关重要，而交付客户价值的能力正是大多数公司的关键能力。

表 1-1 概述了前数字化时代和数字化时代的适应度函数。工业时代的竞争优势来自效率、优化和规模经济。在数字化时代，成功来自创新、适应性、个性化、定制化和快速响应等能力。在表 1-1 中，业务和技术是功能领域，而不是组织。业务和技术组织没有单独的适应度函数；相反，两者都将客户价值作为主要适应度函数。如果身在技术"组织"中，你的主要适应度函数是客户价值，次要适应度函数是速度/适应性。

ROI 和成本/效率现在已经不重要了吗？这可不是你应该通过这张表得出的结论。事实上，它们非常重要——它们不是主要的驱动因素，但它们是次要的，并且仍然是关键的度量标准。你可以考虑将客户价值和速度/适应性视为主要目标，将 ROI 和成本/效率视为限制因素。

同时，业务适应度函数也在不断变革，技术转型也从成本和效率向速度和适应性转变（当然，客户价值仍是每个人的首要适应度函数）——这一转变可以通过一篇文章和一本相隔 10 年后出版的书来说明。2003 年，Nicholas Carr 在《哈佛商业评论》(*Harvard Business Review*) 上发表了一篇有争议的文章，题为 "IT Doesn't Matter"（IT 无关紧要）[⊖]。文章认为，IT 已经成为一种商品，因此无法再增加可持续的竞争优势。文章强调了降低成本的重要性，因为这是商品成功的途径。IT 组织不断受到告诫要降低成本，这是导致技术债膨胀、阻碍其数字化转型的关键因素。

十年后，哥伦比亚商学院（Columbia Business School）教授 Rita Mcgrath[⊖]

⊖ Nicholas G. Carr. "IT Doesn't Matter." *Harvard Business Review*, May 1, 2003. https://hbr.org/2003/05/it-doesnt-matter.

⊖ Rita Gunther McGrath, and Alex Gourlay. *The End of Competitive Advantage: How to Keep Your Strategy Moving as Fast as Your Business*. Boston, MA: Harvard Business Review Press, 2013.

写道：在当今快节奏、不确定的世界里，可持续竞争优势本身已经不复存在，取而代之的是短暂的竞争优势，在这种竞争优势中，快速学习和高适应力是通往成功的入场券。在 Carr 的世界里，IT 应该由成本因素来控制。在 McGrath 的世界里，响应能力和客户价值应该驱动 IT。

随着 2007 年技术拐点的出现，我们看到新的机会不断迅速涌现，但企业把握这些机会的能力却明显不足。由于机会的不断增多，你更需要一些方法来帮助你加速识别哪些机会可以投资，以及组织是否有能力完成这些投资。简而言之，你需要更多的筹码。而筹码放大了一组特定投入资源的结果。许多企业正面临着生存危机：它们看到了一个充满机遇的世界，却缺乏捕捉这些机会的能力。于是，它们被竞争对手超越了。不断增长的机会与能力之间的差距已成为高管领导层的关键问题（图 1-3）。要克服这一差距，就需要创新思维，并将技术置于从战略到交付的业务核心。

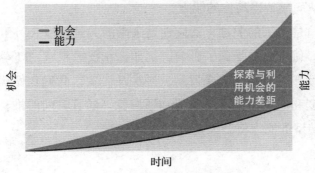

图 1-3　企业可持续发展的缺口

事实证明，无论是商业还是技术，转换适应度函数都比预期困难得多。如果所有流程、实践、会计方法和绩效指标都由 ROI 驱动，并且已经使用了很多年，那么切换到以客户价值为中心就需要勇敢的商业领导者。同样，将 IT 从成本/效率驱动转换为速度/适应性驱动也需要勇敢的技术领导者。

要到达并越过下一个水平线，你需要比竞争对手更快，适应性、迭代性更强,并由客户价值驱动。要想比对手快,就需要了解对手,但你通常要到比赛的最后才能做到这一点。足够的适应性包括了解细分市场的变化率以及哪些新的细分市场可能会对你造成影响。迭代意味着获得快速的反馈,从而朝着最终的愿景前进。以客户价值为中心意味着从外向内看,而不是从内向外看。

产品(或服务)是用来交付给客户以利用机会的,能力是构建事物的方式。你需要针对产品和能力制订具体的战略和计划,以缩小机会与能力之间的差距。你的能力发展计划应回答以下问题:"我们将来能生产出我们想出售的东西吗?"在本书中,作者将对以下两个方面进行讨论:通过明智的投资以交付客户价值的形式充分利用机会;提高建立实现此目标所需的能力(特别是技术能力)的速度。

核心问题是如何使这个适应度函数转换得足够快,以缩小机会和能力之间的差距。如何获得杠杆作用,使能力倍增?如何将技术和知识两部分结合起来,从而显著提高你的能力?

客户价值是当下的关键,适应性是未来的关键。当 ROI 和效率主导适应度函数时,适应性则受到了影响。例如,在技术领域,IT 软件资产积累产生的技术债严重影响了未来发展。一次又一次,我们在做优先级决策时强调的是进度和成本,而不是价值和适应性。随着时间的推移,许多企业进行数字化转型的能力将会大打折扣。

1.5 这不容易,却是当务之急

在一项新的麦肯锡全球数字化转型调查中,超过八成的受访者表示,他们的组织在过去五年中已经做出了这方面的努力。

只有 16% 的受访者表示,他们组织的数字化转型已成功改善了绩效,并使他们具备了长期保持变革的能力。

——麦肯锡公司,"Unlocking Success in Digital Transformations",

2018 年 10 月

正如麦肯锡公司在 2018 年的文章所述，即使是数字化行业也只有 26% 的成功率，而传统行业的成功率为 4%～11%。我们永远不会说这样的转型是轻而易举的，麦肯锡公司的数据和我们的个人经验都认同这一点。本书中概述的变化涵盖了从度量成功到领导风格、能力建设，再到投资战略的各个方面。你会发现不同的实践或想法，并将之运用于组织转型中。但在某种程度上，你的工作需要覆盖我们提到的所有基础理念，从团队如何进行协作决策到技术的采纳。这确实很困难。但是，你还有别的选择吗？

麦肯锡公司的文章的第二段引述中有一句很有说服力的话："并使他们具备了长期保持变革的能力。"麦肯锡调查的受访者中，只有 16% 的受访者表示他们在改善绩效和维持绩效方面取得了成功。另外有 7% 的人提高了绩效，但无法维持下去。本书解决的一个关键问题是"我们怎样才能足够快地适应？"——这是一个与可持续性相关的问题。足够快不是一个一次性的目标，而是一个持续到未来的目标。变革也不是一蹴而就的，因为许多组织变革都是一个持续的进化过程。可持续性使转型过程变得更加困难。

从一开始，敏捷运动就更多地关注思维而不是实践。EDGE 也是如此。例如，第 4 章就是关于建立精益价值树和制定成功的度量标准。类似的实践已经被管理者使用了很多年。然而，使用一种特殊的思维方式来构建这些工件——首先考虑客户价值，重视短迭代和快速反馈，更重视发展而不是规划解决方案，热衷于成为一个自治团队的一部分——在如何实施这些实践方面产生了巨大的差异。反过来，本书的一个关键目标是为你提供一个上下文框架，不仅为你自己采用，而且用于帮助改变你同事的思维模式。如果不改变你的思维模式，那么这些实践都无法帮助你实现你所追求的数字化转型。

1.6 结语

本章介绍的概念和模型旨在帮助你概览书中介绍的具体实践，并将其

结合在上下文中。在阅读过程中,请记住以下几点:

- EDGE 是一种将战略与交付联系起来的运营模式。它不包括如何做战略或交付。
- 坚持专注于交付客户价值。客户价值是一种成效,而不是产出。例如,交付团队生成的功能数量是一个输出,而交付的价值是一个成效。
- 当今世界充满机遇。必须首先确定希望追求哪些机会。然后,必须建立必要的能力来利用这些机会。机会和能力都是由成效驱动的,但这些是不同类型的成效。
- 如果希望让企业具有响应能力(敏捷、适应性),那么必须在最高层次上改变成功度量标准,同时必须调整适应度函数,以激发所需的响应能力。
- 必须由胆识型领导者来推动根本性变革,还必须得到各层胆识型领导者的支持。
- EDGE 不是规定性的,而是适应性的。EDGE 的每种实现都会有所不同。这些原则将把你的 EDGE 版本统一在一起。
- 为未来而构建能力,从技术能力到投资组合优先级排序,这对于确定你想要实现什么目标以及如何实现至关重要。
- 交付团队产生的产品应该由精益价值树驱动:目标、投注和举措。产品蓝图确保团队能够预见产品的发展。技术组件确保技术战略和平台可以支持精益价值树和产品蓝图。

无论是要设定高层次的目标、构建能力,还是交付产品的一小部分增量,你所需要的基本方法可以概括为两个简单的词:**假想 – 探索**。这两个词与由传统方法的特点概括出的另外两个词形成了对比:**计划 – 执行**。你无法计划未来的道路,这需要探索。计划会让决定论的幽灵冒出来:只要计划得足够好,然后按照计划去做就行了。在不确定性的时代,随着变革步伐的加快,那些传统的、依赖计划的做法已经行不通了。这并不是说我们不再做计划——我们当然需要。事实上,本书大部分是关于计划的。我们只是不相信我们的计划能经得起现实的考验。我们不会浪费时间制订不断变化的详细计划,而是花更多的时间去设想未来,无论是关于我们的组织还是我们的详细举措。你无法计划消除不确定性,相反,你必须学会消除不确定性。你必须同时尝试五件事,经过简短的试验,找到一件看起来有用并且值得继续做下去的事情。如果要成功实现数字化转型,这种假想-探索的思维必须要渗透到组织中去。

当进入第四次工业革命时,不确定性占主导地位,对速度和创新的需求是主导力量,投资组合和项目管理必须比过去具备更高的响应能力。此外,必须将它们纳入更广泛的运作模型中。通往数字化企业的道路在于创新、快速、以价值为中心和具有适应性,而不是回到结构和流程的老路。

Chapter 2 第 2 章

以技术为核心——Tech@Core

正如第 1 章所述,数字化面临的挑战有两个方面,其中第二个方面就是利用你的资源快速做出改变,即构建和部署合适的能力。

要改变你的组织,必须先改变你对技术的看法。想想亚马逊、谷歌、Netflix 或其他高科技公司,技术不是在"帮助"它们的业务——技术就是它们的业务。你也许并不会直接与这些高科技公司竞争,但你正在(或将要)与其他精于技术的公司竞争。许多年前,技术营销大师 Geoffrey Moore 就曾做出这样的论断:"银行只是一台设有营销部门的电脑。"最近,思科系统(Cisco Systems)执行董事长 John Chambers 表示,"未来 10 年内,至少有 40% 的企业会倒闭……如果它们不努力设法去改变整个公司以适应新的技术的话。"⊖

多年来,预言家们曾发表过如下声明:

❑ 计算机交易量绝不会超过 12 台。
❑ 微型计算机永远无法取代大型计算机。
❑ 个人计算机永远不可能取代微型计算机。

⊖ BoxWorks 2015 年会议主题演讲。

- 互联网永远只是极客们的天下。
- 移动电话只不过是一个利基市场。
- 数码相机绝不可能取代胶卷相机。
- 由于成本因素,智能手机的市场将会很小。
- 敏捷对于小型的线上项目来说是可以的,但它永远不能取代瀑布式流程,"至少我还活着的时候不可能"。

有多少家公司因为相信了这些预言而陷入困境?谁会成为下一个?但愿不要是你的组织。正如麻省理工学院斯隆数字经济倡议(IDE)的首席研究科学家 George Westerman 所说:"如果数字化转型做得正确,它就会像一只毛毛虫蜕变成为蝴蝶;但如果做得不正确,那么你所拥有的只是一只非常快的毛毛虫。"

2.1 数字化企业:Tech@Core

Tech@Core 是一个诞生于 21 世纪的概念,随着技术机遇席卷各种组织,该概念逐渐崭露头角。Tech@Core 是一个简单的想法,但具有复杂的实现方式,推崇文化与技术并重。我们需要回答两个关键问题:"什么是 Tech@core"和"它为什么与 EDGE 紧密相关"。

> Tech@Core 意味着技术就是你的业务——
> 无论你的业务是什么。

要定义 Tech@Core,最好先回顾一下历史。图 2-1 说明了业务和技术之间集成的演进过程,从仅具有支持作用的 IT,到技术成为业务的核心[○]。

2.1.1 Tech@Core 的演进

大约在 20 世纪 70 年代,业务与技术被正式区分开。商业人士将技术

○ ThoughtWorks 员工使用此图来说明如何过渡到 Tech@Core。

视为黑暗"秘密"的守护者,唯恐被卷入其中,他们宁愿一动不动地坐在那里做需求收集的面谈,也不想被那些技术问题所困扰。但对另一些人来说,技术是新奇和令人兴奋的。技术人员很乐意回到他们的小房间里展示他们的魔法,他们对技术充满兴趣,但对商业问题无动于衷。在这个时代,许多基本的业务功能(比如会计、工资单、库存控制)第一次实现了自动化。在这个阶段,技术在所谓的"支持角色"中获得了成功,这在很大程度上是因为技术相当简单,并且正在开发的业务应用程序具有众所周知的规范。

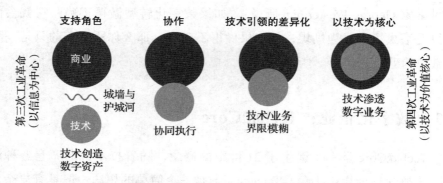

图 2-1　现在,技术比以往任何时候更具战略优势

这段历史的第二阶段被标记为"协作"阶段。随着业务需求的增长以及复杂性的提高,技术也变得越来越复杂。反过来,业务和技术之间的交流也需要改进。正是在此期间,人们引入了瀑布式开发的形式,这样就产生了系统分析师(后来发展成为业务分析师)的角色,他们试图与业务应用程序用户建立更具协作性的关系。在需求阶段,系统分析师拥有更多的业务流程知识,并与业务用户有着密切联系,但是业务人员仍然羞于去了解技术。对他们来说,技术仍然是一个神秘的大黑匣子。

随着技术的发展,更多的业务连接(在线和早期基于互联网的应用)得以实现,技术/业务的界限开始变得模糊,技术引领差异化的第三个时代开始了。这个时代出现了早期的技术颠覆,如金融行业中嘉信理财(Charles Schwab)等线上经纪公司的崛起。技术人员开始从后台(会计)转移到前台（客户互动）。技术更加复杂，应用需求也更加模糊，这就需要技术和业务之间更紧密地协作，更好地理解彼此的知识领域。

然而，随着商业人士越来越精通技术——他们的新能力使情况变得更好，同时也变得更糟。为什么呢？情况变得更好，是因为他们开始了解技术如何产生真正的影响；但他们的技术知识通常很肤浅，这又会使得情况变得更糟。由于对技术发展速度缓慢感到沮丧，一些商业人士开始创建自己的"影子IT"——其实就是他们在个人计算机上使用电子表格和其他面向用户的工具来构建自己的应用程序，他们撇开IT的参与直接雇用顾问，或者用自己的信用卡购买SaaS应用程序。他们不断地发表片面的评论："我可以在一周内建立一个电子表格应用程序。为什么IT需要花9个月？"他们是真的这样认为。可事实是，这些电子表格应用程序通常只能满足一个人的需求，不可扩展、不可维护，并且会产生用户从未考虑过的安全风险——由此可见，他们的理解是非常肤浅的。

然而，其中许多应用程序都交付了真正的价值。从IT的角度来看，这个问题因为遗留系统的技术债（现在仍然是一个难题）而加剧，这些债务持续了多年，已经成为（并将继续成为）软件开发的拖累。此外，对交互系统日益增长的需求将许多IT组织划分为遗留系统与交互系统[一]。由于交互技术更为复杂、需求更为模糊，这两个IT派别的开发过程（瀑布式与敏捷式）以不同的方式演进，从而导致摩擦加剧。

标记为Tech@Core的第四个时代朝着业务和IT领域的深度整合迈进。将Tech@Core与之前的阶段区分开的因素包括：

- 领导者[二]了解对其业务来说技术的关键本质是什么，并且越来越精通技术（许多领导者更加年轻，且从未在前互联网时代工作过）。
- 领导者依靠技术创建创新的客户旅程。
- 客户价值取代成本，成为主要的绩效度量指标（适应度函数）。

[一] 指直面终端用户的前端系统。——译者注
[二] 对于所有类型的领导者（包括组织的业务和技术部门的主管、经理和团队）我们都将使用领导者一词。

- 速度和适应性取代成本和效率,成为技术驱动力。
- 技术知识与经验不断发展。
- 领导者推动快速、频繁的试验和学习,同时坚持选择和评估正确试验的原则。
- 缩短时间周期以使学习价值最大化。

ThoughtWorks 在 2017 年发表的关于"胆识型领导者"的文章就支持了第一个要点:"胆识型领导者知道如何分析技术问题的来龙去脉:54% 的受访者对技术有深刻的理解,57% 的受访者曾编写过代码。"⊖

"技术是企业战略的核心"这一概念正在向下一个前沿领域传播。产品易于数字化的企业(金融、媒体、电信)以及与分销和中介有关的企业(旅行社和电子商务)已经存在。对于很多企业来说,现在正处于最关键的弯道,比如将大批量生产作为核心竞争力的企业(汽车)、传统上以知识为核心能力的行业(医药、制药、法律、研究)以及被高度监管的行业(出租车、政府、公用事业)。

根据图 2-1,我们通常会认为技术从支持角色向 Tech@Core 的转变遵循线性过程,但事实并非如此。虽然大型的长期业务包含每种类别的技术资产,但其整体技术方法才是关键。"核心"一词并不是随便用在这里的。它不仅仅说明技术对你的业务至关重要——技术就是业务本身。无论你的公司是像谷歌这样的纯技术公司,还是制造园艺工具的公司,除非这种态度真正渗透到业务当中,否则你在数字革命中生存的概率微乎其微。但演进阶段也是逐渐累积的,规模较大、运行时间较长的企业可能会在后三个阶段拥有系统、人员、流程、工具和技术。

本章开头的第二个问题是"为什么 Tech@Core 与 EDGE 紧密相关"。从本质上说,Tech@Core 正在改变你对技术的基本看法:从业务的支持角色转变为业务不可分割的组成部分。在某种程度上,这个问题似乎完全无

⊖ Xiao Guo. "The Next Big Disruption: Courageous Executives." ThoughtWorks, July 20, 2017. https://www.thoughtworks.com/insights/blog/next-big-disruption-courageous-executives.

关紧要，因为我们正在讨论的是以技术为核心的数字化企业转型。不过，我们必须强调：这一章不是针对技术人员的，而是针对IT和业务领导者的。领导者和高管需要将这个概念铭记于心：技术不再只是支持你的业务，而是成为业务本身。了解Tech@Core的组成部分会有助于你深入理解。

你可能认为"技术就是你的业务"这句话夸大了事实，也许确实是这样。但我们需要"夸大其词"来说明问题，从产品开发到制造，业务的任何一个方面都不可能离开其他部分而单独存在。但对许多企业来说，未来取决于数字化。数字化是每一个人的工作。关键问题是：该如何完成？

2.1.2 制定技术战略

如果你的愿景是在未来三到五年内成为一家极具竞争力的数字化企业，那么你需要一个包含转型所需组件的技术战略。此外，你不能用"换汤不换药"的技术战略和执行方法来完成转型。这里有几个注意事项。首先，戴上"敏捷"的帽子来完成这个任务。让敏捷专家负责计划并记录，他们肯定不会将流程变得冗长或以文档为中心。此时，快速反馈、迭代和学习与产品开发一样重要。其次，要先进行沟通和协作，第二步（或第三步）才是文档记录。

Jim曾经在一家电信公司工作。该公司的架构师开发了大量的文档，其中满是图表和标准。当Jim与开发人员交谈，问他们是否理解该系统的架构时，"不，"他们说，"在我们看来，这些文件不怎么合理。"当Jim询问架构师过去如何进行当面交流或者将来打算如何做时，他们的回答是："我们没有时间与人见面。我们得忙着去做分析和文档记录。"千万别掉进这样的陷阱里，不管任务到底是什么，请让每个人都戴上敏捷的帽子。

为了扩展并加强技术能力，你需要采取以下步骤：
- 将技术适应度函数转变为速度与适应性。
- 扩大技术优势并超越竞争对手。
- 保持对技术变革和趋势的关注，并善加利用。
- 制定数字化技术平台战略。

❑ 减少技术债,以提高速度与适应性。
❑ 让关键技术人员参与,并不断提高他们的能力。

拥抱 Tech@Core 就意味着跟上了技术的步伐,这是一项艰巨的任务。你在追踪哪些技术?你用哪些来试验?你排除了哪些?你接受了哪些? 15年前,很少有人能预料到云计算、大数据或社交媒体的影响。当时,一个软件技术栈(完成特定任务的程序层)可能包含 5 个组件。如今,这些栈的组件通常超过 15 个,为了保持领先,你的技术战略也将更加复杂○。如何追踪下一个技术领域可能出现的趋势?

千万不要对拥抱技术战略掉以轻心。很明显,如果你的组织想要成为一个数字化企业并保持竞争优势,那么毫无疑问拥抱技术是非常必要的。真的还有选择余地吗?昔日的书店、唱片店和胶卷照相机,如今在哪里?为什么这么多零售商店关门或破产(例如玩具反斗城)?如果你仍然将数字技术视为 IT 部门的职责,那么最好开始为组织的倒闭进行倒计时吧。

> **注意** 有一些老派的组织,其 IT 资产并非为支持数字化企业而建立,它们往往处于糟糕透顶和可笑的状态。多年来,人们总是将 IT 视为成本中心而不是价值中心,导致技术与组织债务堆积如山。这种债务拖累了交付速度、适应性和价值创造。虽然帮助摆脱这种状况的战略确实存在,但它的实施仍需要深思熟虑的计划和长期的坚持。

技术能力战略应该来自企业的愿景和目标。提高技术能力的愿景可能很广泛,例如"将技术集成到我们业务的各个方面",或者具体而言如"转变我们的产品线技术能力以快速适应行业变化"。明确的能力目标还需要新的成功度量标准(适应性与速度的度量标准):如果仍然抱着旧标准不放手,就别指望会有不一样的结果。

如第 1 章所述,要成为数字化企业,就需要进行适应度函数的改变,

○ Jim Highsmith, Mike Mason, Neal Ford. *The Implications of Tech Stack Complexity for Executives*. ThoughtWorks Insights, December 2015.

即改变衡量组织成功的最高标准。在前数字化时代，业务适应度函数往往是投资回报率（ROI）；而在数字化时代则是客户价值。在技术上，适应度函数也正经历着从成本/效率到速度/适应性的巨大变化。可以肯定的是：这些适应度函数的转变成本是巨大的，但这种转变是绝对必要的。

在技术领域，速度和适应性似乎是两个相互矛盾的目标。在某些情况下，它们可能需要互相协调，但在很大程度上又会相互促进。问题的一部分原因在于项目文化，而不是产品文化。在项目文化中，团队根据传统的计划、范围和成本目标来努力交付功能，他们明白长期维护的工作将交给另外的团队来负责。这种文化驱使开发人员偷工减料、减少测试，这样的"捷径"会对适应性产生负面影响。项目文化还鼓励领导者预先定义一组功能，成功被定义为在指定的时间范围和预算内交付的功能数量，而忽视了产品的可扩展性和适应性。也就是说，项目总是存在的，尤其是在你向产品思维模式转变的过程中。同样，问题也可能出现在产品文化中⊖，但随着时间的推移，它会有更好的机会提供持续的价值。

技术债图（参见图2-4）显示，随着时间的推移，软件以指数级增长的速度退化。你首先需要采取策略来避免这种退化，然后降低现有应用程序的性能曲线。同时追求速度和适应性的关键是将软件技术视为一种不断发展的资产，而不是先构建、再维护的软件。将质量和周期时间添加到成功度量标准的组合中，有助于确保长期添加技术资产的新功能。

在制定技术战略时，你还需要基于时间的三层地平线进行分析——继续现有业务、拓展新业务以及尝试未来潜在的机会⊜。这三个层次的时间跨度因业务形态而异，但一个大致的起点可能是一到两年、三到五年以及超过五年。对这种时间跨度的思考有助于指导投资决策。短期目标可能会争取到更多的投资，而长远目标则相反，但所有的规划都应该被包含在每一个预算周期中。这些不同视野的业务有必要分布于不同的投资组合中，因为它们具有不同的度量成功的标准，尤其是要确保将来的工作获得足够的投资。

⊖ 第6章从开发产品思维入手，进一步描述产品文化和项目文化之间的差异。
⊜ 有关更多信息，请参见麦肯锡公司的"三层地平线"模型。

只要你的企业单纯追求 ROI 适应度函数,那么将其转变成数字化企业几乎是不可能的。找出平衡速度和适应性以及同时促进两者的方式将是技术战略的关键。最后,让技术成为转型至关重要的因素吧。

2.1.3　重大变革与趋势

对于重大变革与趋势①的了解会帮助你制定有效的技术战略。通过这种了解,你可以观察到不断变化的商业和技术领域的前景。你还可以把这些变革看作一个故事线,随着时间的推移,其朝着故事线的不同方向展开。变革也为我们提供了一个规划更为具体和详细的趋势的实践集。例如,从 21 世纪初开始,"敏捷"浪潮带来了软件开发的巨大转变。敏捷包括特定的趋势,如 Scrum、极限编程(XP)、测试先行和持续集成。20 世纪 90 年代的例子包括面向对象编程和 SmallTalk。面向对象编程在当时是一个重大转变,并随着时间的推移成为编程的标准"方法"。相比之下,SmallTalk 是一种特殊的语言,在一段时间内吸引了一些追随者,但随着其他面向对象语言的引入,它没能幸存下来。

变革和趋势一同发展。有时一系列的趋势预示了重大变革的发生,有时变革独立地显现,而有些趋势并不属于特定的变革范围。

成功进行(数字化)转型的组织比其他组织更有可能使用更加先进的技术,如人工智能、物联网和先进的神经机器学习技术。②

针对每一个变革和趋势,你需要获取、分析并规划各种数据:
- 信号:什么表明了这一变革的发生?
- 商业影响:这种变革会对你的企业产生怎样的影响?
- 地平线:按照三层地平线模型关注一个变革的技术趋势:哪些已经发生,哪些刚刚出现,哪些正在酝酿③。

---
① 本节中的素材摘自 ThoughtWorks 的内部演示文稿和文章。
② McKinsey & Company."Unlocking Success in Digital Transformations." October 2018.
③ 参考三层地平线模型。——译者注

- 紧迫性：应对这一趋势有多紧急？
- 技术影响：你需要什么能力来实施你的战略？
- 行动建议：对于如何应对和利用这些变革和趋势，你将为企业提供哪些建议？

有一个例子可以帮助理解这种变革/趋势框架。"演进中的交互"这一变革意味着技术正在从屏幕和键盘向真正的"多模态"交互推进，即在语音、手势、触觉和混合现实界面之间切换。这些技术的迅速发展以及虚拟现实（VR）/增强现实（AR）的"手机化"（cellphoneization）将给我们带来更好的真实感和更便宜的硬件。

以下这些信号显示，这一变革正在发生：

- 语音识别技术的准确性提高。
- 更多语音平台（亚马逊 Alexa、必应语音、谷歌云语音 API）出现。
- VR/AR 头戴设备的成本降低。
- 随着这一趋势的出现，市场上出现了占主导地位的 VR/AR 参与者。

"演进中的交互"可能对你的业务造成如下潜在影响：

- 消费者对聊天机器人、智能代理和"实时"交互的期望越来越高。
- 机器人/语音/人工智能（AI）领域的主要参与者——苹果、谷歌、Facebook、亚马逊、微软——严重干扰了数字化参与战略。
- 由于用户可以通过 Siri/Alexa 进行访问，企业或许可以与最终用户供应商脱媒。
- 功能交付变得比以往任何时候都要复杂，比如渠道数量激增、全渠道等。

这一趋势还可能影响你的技术能力：

- 技能与能力（但你也许不需要了解全部——只要知道如何购买就行了，没必要知道如何构建）。
- 是否能雇用足够的设计师？
- 设计能力不断发展：需要多模式交互，并且交互设计应在实际空间而非屏幕上进行。

❏ 语音和图像识别技术。

与之前提出的业务影响相比，如下的行动建议更为详细。关于 AR/VR/机器学习（ML）和机器学习 /AI 的建议示例如下：

AR 的影响可能比 VR 更大了。了解这是否适用于你的业务、这些技术可能对业务产生的影响，以及在全球社区的参与度。

确保已具备必要的能力，包括数据工程和大型数据集的管理。然后思考如何在业务上下文中应用 ML 和 AI。

我们认为有一种观察技术趋势的有效方式：将每一个趋势填写到如图 2-2 所示的图表中，横轴表示时间范围，纵轴表示行动的紧迫性。在这张图表中，时间范围的命名与麦肯锡公司的三层地平线模型中的有所不同，因为它们表明了技术的可见性，而不是投资类别。投资类别需要包括你的时间范围以及其他因素。通常，模糊的未来会被牺牲，以满足当前更为具体的需求。在现在、不久的将来和遥远的未来之间进行投资的平衡，需要在执行人员一级完成，图 2-2 所示的可视化辅助工具可以在这一过程中提供帮助。

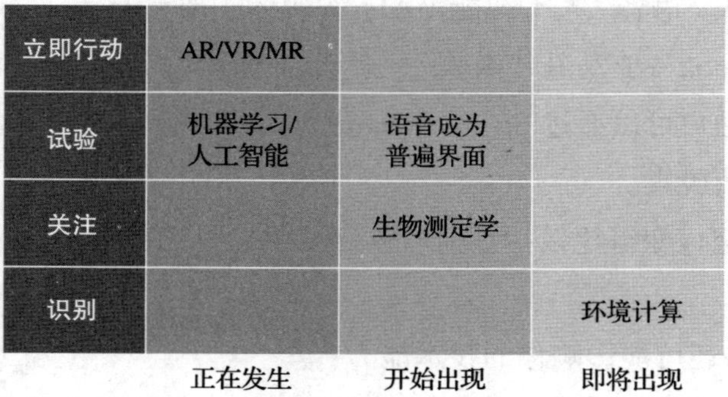

立即行动	AR/VR/MR		
试验	机器学习/ 人工智能	语音成为 普遍界面	
关注		生物测定学	
识别			环境计算
	正在发生	开始出现	即将出现

图 2-2 三个时间范围中巨变的投影视图

重大变革和技术的发展趋势会极大改变你的商业计划。如果你能在它们生命周期的早期就了解这些变革和趋势是什么，你也许就能够在它们面前脱颖而出，并以此来获得竞争优势。但是，你也有可能因为走得太远、太超前，而不得不承受由此带来的后果。有时,你跨过了前沿,成为前卫(bleeding edge)⊖——谷歌眼镜就是最典型的一个例子。每一个组织都需要展望自身的技术规划,明确这些技术变革需要被推进到哪一步,努力在走得足够远和走得太远之间取得平衡。速度越快,试验实践的时机和使用就越关键。

2.1.4 创建技术雷达

技术雷达是一种工具,可以促进关于技术趋势以及这些趋势将如何帮助你的企业受益的讨论。图 2-3 展示了近期 ThoughtWorks 雷达的一个示例象限⊖。该雷达专注于软件技术,但根据你的业务,你可能有多个用于不同技术(例如材料或医疗技术)的雷达。图中显示了四个象限(技术、平台、工具、语言及框架)中的一个。雷达环上的位置表示对该技术的行动建议——采纳、试验、评估、暂缓。

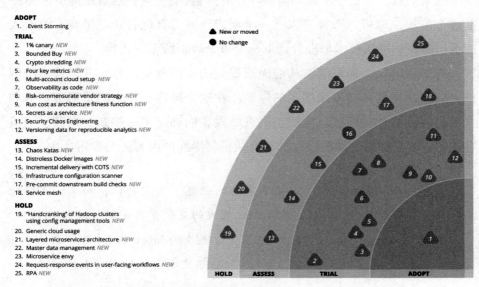

图 2-3 ThoughtWorks 技术雷达示例(2018 年第 19 卷),技术象限

⊖ 在计算机领域,bleeding edge 指一种最新的、因而也并非完美的技术。使用者为了它的"新",就要拿稳定性和产量来冒险。它也指当今技术的每一步发展都越来越昂贵的趋势。这个词可以视作 leading edge 的另一种说法、cutting edge 的同义词,但是 bleeding edge 隐含一种风险的含义:和 cutting edge 相比,bleeding edge 要更前卫一些。——译者注

⊖ 请访问 www.thoughtworks.com 获取技术雷达完整版本。

- ❏ 采纳（ADOPT）：可以投入使用。这一技术是已被项目和业界证实的、可采纳的技术。
- ❏ 试验（TRIAL）：可以谨慎使用。它还没有完全被证实，因此需要在精心挑选的计划中使用。
- ❏ 评估（ASSESS）：前景良好。应密切关注并试验使用。
- ❏ 暂缓（HOLD）：获得行业关注，但尚未或可能从未准备好使用。它可能是有缺陷的，可能被视为需要避免使用的技术。

构建技术雷达和评估技术的最重要因素是将分析与实际"使用"结合在一起。尽管雷达上有四种行动方式，但也存在一些准备工作：调查和研究。

调查是一种确定新技术的过程，首先需要从会议、讨论、社交媒体、分析公司、专业论文、书籍（尽管书籍通常出现得不够及时）和互联网文章中收集信息。这是一个认知阶段——有人会说："啊，这真是闻所未闻！"在这个阶段，你可以选择进入下一个层级，或者就此打住。毕竟，没有人能承担将每一项新技术都提升到下一个审查级别所需的代价。

在研究阶段，你将继续从前面所提到的来源收集信息，并将搜索范围扩大到包括早期新技术采用者的经验。在这个阶段，你会尝试回答业务和技术可行性的相关问题。虽然在调查阶段我们确定了一些新的东西，但只有在研究阶段获得足够的信息，才有依据将潜在的内容添加到雷达中。

> 这可能是漫长的一周……技术雷达的创建、首次会议、尚未过滤的技术条目。在 6 个月内，科技发生了如此巨大的变化，真是令人惊叹！
> ——ThoughtWorks 技术主管 Mike Mason 在 2018 年初的雷达更新会议期间发表的推文

在评估阶段，你开始对技术进行探究，主要是在技术组织内部进行试验。此时，你需要评估的是技术可行性，而不是业务可行性。例如，你可能会尝试 VR 设备，以体验该技术及其成熟度。你可能会考虑如何将其应用到业务中，但还没有尝试这样做。

在试验阶段，可以将该技术用于经过精心选择的、规模较小的业务计划中。这些试验将有助于确定该技术是否可以逐步被完全采纳。在此期间，你将继续从其他用户那里收集信息，以确定该技术的优缺点。

一旦从试验阶段收集到足够的数据，并且行业使用量增加了，你就可以在组织中对该技术进行更广泛的采纳。有几个因素会影响你是否做出采纳的决定，包括如何发展或购买你所需的能力。

在每一个层级上，你都会提出与将技术提升到下一个级别相关的关键问题。只有少数技术能通过每一个阶段：有些将被抛弃，有些则被留在原地。你需要限制每个阶段的半成品（WIP），限制你在任何时候评估或试验的技术的数量，如果一个团队已经在评估某项技术，请向其他团队说明，以便他们能够快速询问并了解试验结果。这是一种持续学习的管理方式。

2.1.5 减少技术债

如果你身处一家经营多年的企业，并且在遗留系统上进行了大量投资，那么如何管理技术债将是技术战略的重要组成部分。技术债是由缺乏对保持适应性和质量的投资导致的技术随时间推移的退化。它就像是一辆未经保养甚至连机油都没换过的汽车，必然会随着时间的推移而老化——速度变慢、无法发动、漏油。在软件领域，开发人员可能为了赶上最后期限被迫走"捷径"，测试并不总是严格，而周期性的快速"修复"会降低代码质量。多年来，许多遗留系统为企业带来了价值，但它们的技术债也累积到了这样的程度：即使是看似微不足道的功能增强也变得困难且耗时。图 2-4 展示了这种退化是如何缓慢开始，并随着时间的推移而不断加速的[○]。现在基本上已无法维护的遗留系统并不在少数。在早期，做出改变相对容易，对于"我们应该实施新功能还是减少技术债"的问题，答案往往是偏向于新功能的开发。于是，在忽视技术债的几年后，功能增强会耗费相当长的时间，并且你会面临三个同样糟糕的选择：重写应用程序（代价高昂，

○ Jim Highsmith. *Agile Project Management: Creating Innovative Products.* Boston: Addison-Wesley, 2010.

风险很大)、什么也不做(问题变得越来越严重)或者随着时间的推移系统地减少技术债。

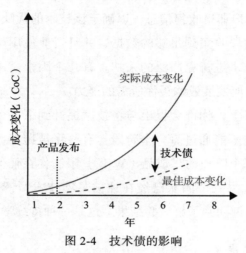

图 2-4 技术债的影响

> **增长的限制**
>
> 20世纪中期,Salesforce 面临着一个重大挑战:它的快速增长超过了软件开发交付能力,公司遗留系统的技术债和软件开发过程的拖累共同导致了这个问题。在成功解决这一难题后,Salesforce 被《福布斯》杂志评为 2011~2015 年全球最具创新性的公司(此后跻身前三)。Salesforce 认为,它采用的敏捷开发实践为公司的扭亏为盈做出了重大贡献。提高新代码的质量减少了新技术债的引入,引入减少遗留技术债的策略有助于缩短交付时间。当然,这家公司的成功是多种业务和技术因素共同作用的结果,但以多种形式引入敏捷是至关重要的一环。

遗留系统带来的第二个问题是数字化体验和遗留系统的交付周期存在差异。在动荡不那么激烈的时期,一个小组采用敏捷开发的方式按两周的周期进行迭代开发,而另一个小组则采用传统方式按九个月的交付周期运作——这确实很麻烦,但并不会有碍大局。但是现在,交付周期的差异不断引发更多的问题。这种脱节是由发布周期的差异造成的,特别是当组织在某些场景下采用持续交付而在另一些场景下又不这样做时。

多年来,众多组织都陷入了两难的境地:重新开发系统太过费时和冒险,但建立新的数字资产又依赖于对这些系统的升级。通过封装、选择性修正以及自动化测试找到能够让这些遗留系统重新焕发生机的创造性方法,从而解决困扰组织的这一难题,已经成为构建新数字资产的关键部分[一]。

2.1.6 投资决策让企业核心系统起死回生

你需要在如何投资有限资源以恢复企业核心系统方面有所创新。有一个显而易见的选择——重写这些系统——但这是一个昂贵且通常高风险的策略,必须谨慎执行。幸运的是,在束手无策和重写之间还有很多其他选择,包括迁移到服务式架构(包括微服务)、演进式架构、解耦与封装、持续交付等。

仅交付模式正确是远远不够的。运营效率优先于运营敏捷的另一个原因是许多企业使用的投资分类系统。现在有许多分类方案被采用,但它们通常遵循的是麻省理工学院计算机信息系统研究小组提供的分类方案:基础设施、事务、信息和战略。在这个方案中,也许有10%~15%的投资组合被认为是"战略性的",而其余则被认为是企业核心系统,而对于后者来说,效率才是王道。

数字化时代对敏捷性的需求远远超出了"战略"系统的范畴,而改进投资组合就是强调这一范围的一种方式。如果我们修改体系以反映新的数字化时代的实际情况,包括客户体验系统(移动应用)、客户体验支持系统(订单处理)、内部支持系统(会计)和基础设施(服务器),会如何呢?如果我们考虑将需求从效率(1)到敏捷性(5)进行排序,那么客户体验系统可能应该是5,客户体验支持系统是3或4,内部支持系统是2,基础设施是3。

⊖ 有关减少技术债的更多信息,请参阅 George Earle, and Mike Mason. "The Business Imperative to Modernize Your Tech Estate." *ThoughtWorks Insights*. https://www.thoughtworks.com/insights/blog/business-imperative-modernize-your-tech-estate。

2.2　数字技术平台

平台是新的流行语。但它除了流行之外还有什么？平台到底是什么？它如何扩大成效？有不同类型的平台吗？简单来说，平台是实现杠杆作用或放大作用的组件的总称，用于紧跟变化的步伐。平台有两种类型：商业与技术。

《平台革命：改变世界的商业模式》㊀一书对商业平台进行了定义和描述。例如，Airbnb使用商业平台来建立客户和提供商之间的联系。它的平台为客户提供的客房数量远远超过传统的连锁酒店，并且不需要在实体房上投入大量资金。

数字技术平台使能业务平台，如图2-5所示，二者具备其一即可，然而在数字化企业中通常两者都是必需的。技术平台与传统的技术方法如企业架构（Enterprise Architecture，EA）有何不同？传统上，IT组织把企业架构的重点放在两个相关的优势上：降低成本和提高生产率。然而，DTP具有完全不同的适应度函数——适应性和交付速度。DTP的范围也比传统的企业架构大得多。从历史上看，成本压力导致标准化，进而导致停滞。在当今世界，你对停滞会导致什么结果了

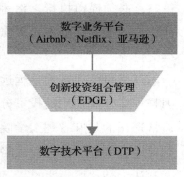

图 2-5　平台和EDGE组件

然于心，毋庸多言。在DTP中，企业架构仍然有一席之地，但是"E"的含义需要从"企业"（enterprise）转变为"进化"（evolutionary）㊁。

对成本的关注推动组织走向效率和生产力，强调标准化是成功的必经之路。你的数字企业愿景需要将重点转向交付速度和适应性。例如，微服务帮助交付团队定制其产品，而不是将产品标准化。随着技术解决方案的

㊀　Geoffrey G. Parker, Marshall W. Van Alstyne, and Sangeet Paul Choudary. *Platform Revolution: How Networking Markets Are Transforming the Economy and How to Make Them Work for You*. New York: W. W. Norton, 2016.

㊁　参见 Neal Ford, Rebecca Parsons, and Patrick Kua. *Building Evolution-ary Architectures: Support Constant Change*. O'Reilly Media, 2017。

爆炸式增长，每天都有更多的解决方案问世，标准化无疑是一条停滞不前的道路。当然，两者之间有一个平衡点：不受约束的定制可能会导致问题，但与降低成本的努力相比，适应性和速度驱动的平台设计有着不同的目的。

关于适应性有这样一句话：在注重成本和生产力的前数字世界中，执行策略变成了计划–执行之一⊖。该策略首先假设了人们在有限的范围内知道未来将会发生什么：如果了解未来，你就可以规划架构和产品功能，剩下要做的就只是执行计划。不幸的是，在数字世界里（通常在前数字世界也是如此），我们并不了解未来，直到它真的到来。我们的策略应当是假想–进化。无论是对于企业还是产品，愿景都需要面向客户价值和结果。它为我们提供了方向，但允许我们选择完成的路径。由于客户可能"眼见方为实"，因此流程需要一次又一次地进行调整，以适应我们在前进中所学到的新东西。

根据我们的经验，在数字化转型方面取得成功的组织一般通过采取以下三个步骤来释放其关键资产：

- 消除工程团队的摩擦。
- 围绕资产构建生态系统。
- 对这些资产进行有效且高效的测试。

2.2.1 消除摩擦

摩擦通常被认为是运动的阻力，但也可以被视为人与人之间的冲突。不管是被描述为阻力还是冲突，摩擦都会使我们放慢脚步。存在于软件交付团队内部或外部的摩擦可不是一件好事。使用自给自足的团队可以减少组织单位之间的摩擦，否则就会减慢决策速度。在软件交付中，软件开发和运营组织之间的摩擦会使交付过程减缓到龟速状态。DevOps 的实践大大减少了这种摩擦。这些实践既是组织上的又是技术上的——通过使用持续集成来弥合开发与运营之间的组织鸿沟。

使用错误的技术也会导致摩擦。由于现有的标准，新的举措经常被迫

⊖ 计划–执行和假想–探索战略将在第 10 章详细讨论。

使用不适当的技术。例如，一些早期的大数据举措之所以陷入困境，是因为组织标准要求使用传统的关系型数据库来操作非结构化数据。另一个例子是，使用相当重量级的消息队列来实现一些原本非常简单易行的事情。

敏捷实践鼓励每个迭代的交付物至少是可部署生产的软件。有一个简单的度量指标可以告知一个团队离目标还有多远，那就是"尾巴"[○]。它本质上是发展过程中摩擦程度的度量指标，指从冻结代码开发（从未完全冻结）到产品部署之间的时间。在此期间，非敏捷团队继续做测试（尤其是集成测试）、bug修复、性能分析、操作准备等。在12个月的部署周期中，我们经常会遇到3~6个月或更长时间的"尾巴"。我们遇到过最长的"尾巴"是从"代码完成"到部署一共用了18个月！随着敏捷实践的实施，你可以看到这个"尾巴"的减少。

有很多方法可以减少摩擦，比如专注于消除阻碍，以便更快地交付及提高适应性。另一个选择是在速度和质量之间不断权衡。

当你用更低的质量换取更多的功能时，通常是针对单个发布事件，而不是针对随时间推移的发布集合。这种做法是瀑布式开发的产物。在瀑布式开发中，发布之间的间隔很长，通常是一年或更长时间，用较低的质量（例如，糟糕的设计或更少的测试）换取新功能可以掩盖成本，由此产生的不良后果在很久以后才会暴露出来。当你拥有大批量（数百个功能）和长时间（一年或一年以上）时，下一个版本（小规模维护或是功能增强）相对于第一个版本来说是如此微不足道，以至于你很难确定低质量带来的反馈或影响。

例如，在瀑布式项目中更容易削减重构，因为这种巨大的影响只有在将来才能感受到——工程师深受技术债的折磨，而客户饱尝冗长的交付计划带来的痛苦。当发布周期太长时，周期时间的度量措施是无关紧要的。然而，随着敏捷团队将交付周期缩短到数月、数周甚至数天，质量低下的影响变得更容易确定。当一个团队正在运行一周的迭代周期时，一个周期内糟糕的测试所造成的影响可能会在下一个或两个周期内迅速显现。一个

○ 收尾工作。——译者注

周期内的糟糕设计会在接下来的几个周期内延迟功能的交付,因此相应的反馈也会在几周内就出现。一个团队如果同时度量吞吐量和周期时间,就会很快感受到软件质量平庸带来的苦楚。

2.2.2 构建资产生态系统

一个生态系统是由相互连接并相互作用的部分组成的系统或网络。例如,苹果的 iPhone 在一个由硬件、操作系统、软件开发人员及其应用程序组成的生态系统中蓬勃发展。我们也可以在生态系统的定义中加入"相互依存"这个词。我们在平台战略中考虑的资产是数据、硬件、软件、能力和思想方法。成长为数字化企业的公司(例如谷歌、Airbnb 和 Netflix)从一开始就将其平台视为生态系统。同样,它们将其数字平台构建为战略资产。

对于长期承担高技术债的组织而言,重写现有软件应用程序的策略是行不通的,因为代价太高。此外,在没有进行必要的技术和组织变革的情况下就进行重写,完全是浪费金钱。你的策略应该是一个深思熟虑的"分层"策略,其中的层就是时间。1995 年,Stewart Brand 写了一本有趣的书,名为 *How Buildings Learn: What Happens After They're Built*。布兰德的假设是,随着时间的推移,建筑物的层次以不同的速度发生变化。他设想了建筑的六个层次:场地、结构、外层、服务、空间规划和材料。例如:结构的变化速度非常缓慢,而且更换的成本很高;服务(空调和暖气)每 15~20 年更换一次,而且成本适中;材料(家具和固定装置)经常更换,更换成本很低。对时间层次变化的思考将有助于你制定技术战略。

如前所述,这项分析应该本着敏捷的精神进行——不是绞尽脑汁的穷尽分析,而是仅足够详细以便指导决策的制定。你需要完成的任务之一是为关键技术资产或资产类别确定投资策略。该分析包括三个部分,如图 2-6 所示:

图 2-6 确定每个资产或资产类别的投资战略

确定资产类别对精益价值树（LVT）目标的影响；推测该业务领域的变化率；确定资产类别的当前适应性。

首先，查看每个资产类别，并确定该资产类别对于实现整个 LVT 的目标有多重要：

- 影响许多目标（例如，客户资产）。
- 影响一些目标。
- 影响很少目标。

然后，你需要预测每个业务能力或产品线在未来的变化率：

- 极不稳定。
- 不稳定。
- 中度不稳定。
- 相对稳定。

很明显，随着未来的发展，这种分析可能会发生变化，但进行这样的相对评估将有助于你制定资产管理战略。在试验实际测量值（如时间周期）之前，相对比较就足够了。特别是对于在遗留系统上有巨大投资的组织来说，确定适应性投资的优先级至关重要。

资产分析的第三个阶段是估计每个资产或资产类别的相对适应性。

- 高适应性——变化相对快捷且成本低。
- 中等适应性——变化费时且成本适中。
- 低适应性——难以变化且成本高昂。
- 无适应性——变化成本极为昂贵且费时。

对适应需求、变化率和适应能力这三项进行估计有助于确定战略。例如，有一种资产，它对于在极不稳定的业务环境中实现众多目标至关重要，其适应性非常昂贵，而且更改非常耗时，那么毫无疑问它应该被放在"关键"列表中。而另一种资产，其业务环境相对稳定，仅作用于一个目标，而且它的适应性既昂贵又耗时，那么它应该处于非常低的优先级。

当你对支持常规业务的遗留系统进行优先级排序并试图减少技术债时，这种资产分析尤其重要。

2.2.3 试验

EDGE 的一个前提是，适应性需要试验，而要使试验成功，需要试验思维、试验过程和试验工具。你需要根据对未来的假设来思考未来，而不是进行计划，因为计划意味着一个指令性的解决方案。接下来，要用短周期试验来检验这些假设。

文化思维模式是一种探索——谁也不可能"掐指一算"就预知一切，出现重大的偏差是常态。试验的文化在第 10 章会有更深入的介绍。第二个要求是一个试验过程，在本书中它是敏捷的一个增强版本。第三个要求是：需要一个包含正确技术组件的平台，用来快速试验。这些组件要覆盖整个开发生命周期，涉及快速构建开发环境和有效的持续集成工具。

对于每种开发类型——遗留后台系统、在线应用程序、移动应用程序、大数据和分析系统以及具有物联网（IoT）部件的应用程序——都需要这些技术组件。

2.3 谁制定技术战略

由谁负责技术战略比战略本身更重要。几年前，Jim 在印度与一家 CMM 5 级[⊖]的组织合作。与处于该 CMM 级别的任何组织一样，该组织具有大量的流程，每个流程都有丰富的文档。然而，该公司提出了一个遇到的问题：对于使用团队新技术（微软的 .NET）的项目，员工进行了技术审查，让团队成员和其他人参与其中。他们尽职尽责地遵循流程步骤并完成了所有必需的文档，但随后项目就陷入了严重的技术困境。他们有一个"好"的流程，但是审查小组中没有人有任何使用 .NET 的经验。换句话说，他们有流程，但没有专业知识。正如敏捷宣言中所说："个人和交互高于流程和工具。"[⊖]让合适的人参与到你的技术战略中是非常必要的。

⊖ CMM 是指美国软件工程研究所开发的高度面向流程的能力成熟度模型。

⊖ "Manifesto for Agile Software Development."The Agile Manifesto, 2001. http://agilemanifesto.org/.

请注意：构建技术雷达（实际是整个技术战略）并不容易。在Thought-Works，每年至少两次、每次为期一周，我们召集来自世界各地的20多位技术专家面对面地聚在一起，就哪些项目可以进入雷达、哪些应该剔除以及项目在雷达上处于什么位置进行论证并做出决定。ThoughtWorks员工在数百个前沿项目上工作，其中的知识、经验和数据为技术雷达的构建提供了支撑。

有没有简单的方法可以找到合适的人来构建技术雷达和其他技术战略呢？向你的开发团队问一个问题："谁是团队中最重要的人（如果他一周不在的话我们什么都干不了）？"他就是你应该选的那个人。如果你不能把关键的人解放出来，去专攻技术雷达，那就不用白费事了。你最终会像故事中的.NET技术评论团队一样，空守着一个没有内容的流程。展望未来是很棘手的事，即使对于我们中最优秀的人来说也是如此。

在ThoughtWorks，我们鼓励"思想领袖"的概念，即受到同侪尊重的行业领袖[⊖]。你可以在自己的企业中也使用类似的"思想领袖"概念，将这种称呼赋予那些在企业内部或外部受到同行尊重的个人。

因此，在技术评估团队中，价值、专业知识和尊重是最重要的。你需要具有产品交付经验的人，而不仅仅是具有工作经验的人。你需要多样性——初级和高级，男性和女性，不同的层次，不同的地理位置。你需要了解硅谷、班加罗尔、北京、慕尼黑和曼彻斯特的同行都在做什么——如果你的公司是国际性公司，这种需求就更重要了。

我们需要说明的一点是，技术战略、技术雷达是你用钱买不到的。至少，你无法全部买下来。例如，作为调查过程的一部分，你可能会购买一家分析公司的技术评估报告，但你需要具备专业技术知识才能评估和确定如何使用该技术。

在20世纪90年代到21世纪，主要IT组件的外包非常流行，一些公司发现它们外包了太多的专业知识，使企业所需的专业技能仅限于管理外

⊖ 截至2018年，ThoughtWorks拥有5000多名员工，其中包含80多本专业书籍的作者。

包合同。这是一个 IT 被认为是成本中心而不是价值中心的时代。有人会说:"既然我们可以外包工资单,那么为什么不能把 IT 也外包出去呢?"但事实上,你不能把你的转型外包给一个数字化企业就撒手不管,你必须更多地参与其中。

但是,你可以选择合作,这与外包有很大不同。你可以参阅图 9-1,它展示了交互的三个维度——服从、合作和协作。外包通常是一种合规关系,在这种关系中,每一方都在极其详细的合同中阐明其间的关系。在许多情况下,即使是这些详细的合同也无法提供公司所期望的服务。合规关系是一种信任度很低的关系,无论是在内部还是外部,这种关系都没有留下多少创新和创造力的空间。

交付创新的、以客户价值为导向的产品需要企业和 IT 之间高度信任、协作的关系。专注于价值交付的迭代试验过程需要对"计划"和"合约"有不同的思维方式,由于试验提供了新的知识,团队需要随着时间的推移进行调整和适应。在这种环境下,试图写一份详细、具体、基于法规的合同,完全是在浪费时间。

2.4 结语

接受 Tech@Core 应该成为数字化转型的核心。技术是成为数字化企业的关键部分,这一点已经不是什么新启示了。然而,技术需要渗透到你未来规划的各个方面的程度有所不同。五六十年前,IT 还处于初级阶段,当时的技术专家就已经意识到技术对组织的影响,他们在如何使用新型计算机功能上的探索从未止步。

多年来,科技与企业集团之间的技术知识差距逐渐缩小。如今,将这些知识融入组织生活的结构中已成为当务之急。

Chapter 3 第 3 章

EDGE 原则

数字化转型需要两个关键要素：明确的原则和对领导者的信任。

起初，敏捷和精益变革重在原则，而非实践、流程或工具。这并不是说后三者不重要，而是意在强调：通过专注于原则，可以更好地让敏捷和精益为你服务；通过专注于原则，可以更好地构建一个高响应力的企业。Jim Collins 在他的著作 *Good to Great: Why Some Companies Make the Leap and Others Don't* 中指出：既有保持的需要，也有改变的需要。你需要保持核心价值与目标，并以此为基础去创造改变文化、实践和目标所需的稳定性。如果没有核心价值观或原则，就失去了可以用来对变革做出关键决策的基石。

近 20 年来，敏捷宣言一直是敏捷开发的灵感来源。它提出的敏捷原则使你可以成功地将合适的实践和工具运用于组织内的各种情境。关于建立企业响应能力，有一个常见的误解：只要遵循这样一个秘诀（即一组明确的步骤），最终组织就会是"敏捷的"。事实上，并不存在这样的秘诀。每个组织都是不同的，其环境也是不同的。而 EDGE 的原则使组织的所有部门（而不仅仅是软件交付团队）都能够采用实践和工具。

对领导者的信任至关重要。因为在变革中，组织中的每个人都会对自己的未来感到紧张和不确定，这时人们更需要安全感。敏捷社区的一些权威人士公开披露，在敏捷转型中，多达三分之一的员工和管理层无法达到理想标准。如果员工认为他们中的三分之一将被解雇或降级到最差的工作岗位，你认为他们会感到有多"安全"？他们会对这个转变有多欢欣鼓舞？对管理层的信任意味着员工相信他们的工作会维持不变，即使他们的角色会发生改变。这就要求领导者和管理者让员工参与进来，让他们在不安的状态中拥有更多安全感。不管出于什么原因，感到不安全的人都会抗拒改变。第10章将讨论实现更安全技术环境的适应性领导行为。当然，少数人的确无法达到标准，这是不可避免的。但这一认识与"转型就是以宣布大规模裁员为起始"的想法是迥然不同的。在考虑转型所需的技术人才和能力时，应该具备能力建设的思维，而非进行裁员。

安全是一项关键的文化特征

在过去的一年里，我发现了一种新的激情、方向和隐喻。

我称之为**技术安全**。

技术安全引导我们减少或消除高科技生活中的伤害。

这种伤害不是割伤、烧伤或死亡。

高科技伤害包括认知伤害、情感伤害、财务伤害和继发性身体伤害。

无论你是在生产、使用还是消费高科技产品和服务，技术安全都可以通过发现危险、消除或减少伤害来改善你的生活。

——Joshua Kerievsky[⊖]，*Industrial Logic，Tech Safety Blog*，
2013年6月13日发布

⊖ Joshua 一直是敏捷运动和践行技术安全思想的领导者。

基于对原则的理解，适应 EDGE 实践的能力对于成功至关重要。本章概述的六项指导原则（图 3-1）是理解和应用 EDGE 的关键。这些原则可以帮助我们回答有关为了变革而投资、合作及快速适应的问题。

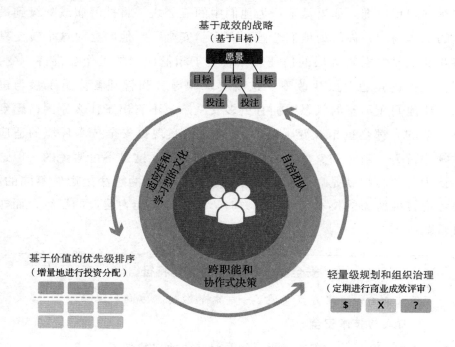

图 3-1　EDGE 原则

外环上的三个原则——基于成效的战略、基于价值的优先级排序以及轻量级规划和组织治理——重点是要回答"我们应该如何投资"这一问题。内环上的三个原则——自治团队、适应性和学习型的文化、跨职能和协作式决策——着眼于合作及快速适应。但实际上，关键问题与原则之间的关系是多方面的。例如，轻量级组织治理也有助于确定团队如何协同工作。

在将敏捷和精益的方法进行规模化时，人们总是试图创建一个预设的而非适应性的结构或流程，这与我们的原则是相背离的。我们相信，决策制定框架一定比详细流程更加重要。

3.1 基于成效的战略

企业进行转型以应对环境的变化。学习以不同的方式度量成功——这是转型过程中管理者和高管面临的最困难的一件事。随着组织从周边的环境中学习并成长，它需要对那些最有希望实现愿景的想法进行更多的投资。而根据传统，团队因为能按照指标进行生产而获得奖励，但这些指标不一定与业务成效相关。例如，很多组织通过是否达到一个设计或进度的关卡（gate）来衡量其在实现"目标"时的进展。尽管这样做或许能（或许不能）帮助团队行动，但这种做法本身对利益相关者或客户并不具有价值。

> 这种成效导向将驱使你采用不同的思维方式和不同的交付价值方式。
> ——John Buhl，先锋基金精益企业转型负责人
> （Money 20/20 大会，2016）

EDGE 倡导组织基于以下两点来投资：真正的客户成效（客户价值）和真正的商业利益（如利润、市场份额）。这些基于价值的成效及其度量成功和目标的标准一经建立并分享，就能更高效地让各个团队与其保持一致，并用与其相对比的绩效来决定是投资更多，还是完全停止投资，或将投资转向新的或者相关的机会。

3.2 基于价值的优先级排序

优先级排序的决策应该基于价值，价值应该以对企业有意义的方式来定义。EDGE 使用术语"价值"来表示客户愿意为之付费的客户价值。医疗保健机构客户会重视患者的治愈率和安全；公共服务客户会重视响应能力；商业实体客户会重视客户满意度。无论你的组织如何定义客户价值，根据客户价值进行度量并做出相应的投资决策都是非常重要的。

成功的度量标准（MoS，将在第 5 章中详述）应当体现每个层级（从组织目标到详细的实施故事）的价值，这样才能避免出现背道而驰的结果。

这些度量标准非常重要，可以展示价值创造的渐进过程、推动优先级排序，以确保首先处理最有价值的事情。随着新信息的获得，可以根据价值对工作进行快速的重新排序。这种基于价值的优先级划分方法保持了整个组织的一致性。如果在了解客户需求时产生了一个新的想法，你就可以快速地将其与现有的工作进行比较并调整优先级。

3.3 轻量级规划和组织治理

数字化时代需要更好的商业 – 技术合作伙伴关系，以将想法转化为价值，并消除那些实际上是浪费的努力，比如过多的流程和文档。在 EDGE 中，组织治理建立在从愿景到交付的敏捷与精益原则基础上。组织治理为我们提供了一个框架，以确保：

- 在既定的限制条件（时间、成本、内部及外部监管要求）下实现客户价值目标。
- 有效分配并管理责任制中所需的决策权。

在给予自治团队更大决策权力的同时，也要确保其履行受托责任，治理组织必须谨慎地维持两者间的平衡。这也可以被认为是指导和监督之间的平衡。

许多治理系统，特别是传统的"阶段 – 关卡"系统已经成为官僚噩梦，它们增加了毫无价值的工作，带来了不可容忍的拖延。这些系统专注于详尽的文档工件和重量级的流程，导致团队花费太多的时间来准备这些关卡审核。它们强调的是流程，而不是快速的决策。治理团队需要解决这个矛盾——确保充分遵守信托和监管要求以及风险管理需求，同时减轻传统组织治理流程的沉重负担。

当我们要求团队具备灵活性、适应性和敏捷性的时候，治理过程需要反映出这些目标。这意味着需要改变度量标准系统，使其更加面向成效。但这不意味着放弃传统的成本和进度度量方法，而是意味着客户价值的度量更加重要。

3.4 适应性和学习型的文化

你的组织适应得够快吗？——这是现今每个组织、每个企业都要面临的根本问题。但是，仅仅拥有敏捷的交付团队或持续交付是不够的：要做到"足够快"，企业必须拥有响应迅速的技术平台、试验型和学习型的文化，以及致力于在适应和计划之间找到正确平衡的执行团队（大多数执行官仍然对计划过于执着）。

传统的计划有这样一个错误观念：如果企业能对目标的最终状态进行缜密的思考，并为过程中每一个可能发生的事件规划风险减轻措施，就能有效降低风险。在过去那些发展缓慢的日子里，这些"计划－执行"套路中的一切都是事先计划好的，或者差不多是做过的。但在今天，你需要的是"假想－探索"方法，去鼓励创新和探索、调整和转向，因为现实是凌驾于计划之上的，而传统的方法却试图用"计划"去消除不确定性。

EDGE 的方法是通过试验来消除不确定性。EDGE 倡导在流程中建立来自真实世界的短期和增量反馈。反馈的周期应该是几周至几个月。毕竟，企业不可能等待数年来确定它的计划是否能交付价值。这些探索能有效地降低风险。短时间、低成本的试验提供了有价值的反馈。要接纳学习，因为其本身就是成效。在组织向目标迈进的道路上，从失败的想法中所学到的内容与从成功的想法中所学到的一样多。例如，对于初创公司来说，找到合适的产品和市场可能需要几年的试验。自认为可以在内部决定产品－市场定位并随之建立一个这样的产品，通常会让你的组织走上一条漫长而昂贵的失败之路。

适应性强的领导者应当创造一个让人们感觉足够自信的环境，使其能够投入试验和调整中。他们需要领导变革的过程，缓解人们的焦虑情绪，鼓励其尝试新的解决方案，大胆地设想可以实现的愿景，坚持实现这一愿景，并激励其他人与之同行。

3.5 自治团队

在快节奏、短迭代的交付周期中，团队来不及依靠管理体系或功能专家来确定每个决策。在这种环境下，团队应该拥有广泛的决策权，并对交付的结果负责，而不仅仅是交付功能。自治团队具有创造性、协作性、创新性、授权性（赋能），自然有时也会是混乱且难以控制的。

实现自治

我们曾与一个全球性保险组织合作，该组织的领导团队沿用传统的方式进行变革，结果很不理想。其采用的方法包括：领导层和管理层每季度都会把自己关在会议室里埋头制订计划，确定需要变革的内容，确保每一个领导者在散会时都带着对团队的明确指示。

"当我们指示团队该做什么时，我们的收获非常有限。"

荷兰分部的首席数字总监尝试了一种截然不同的方法。他挑选了一个小型的跨职能团队，然后给了他们一个目标：帮助组织更快地交付价值。这个团队一起工作了五天。在第三天，他们打电话给首席数字总监，问了一个非常重要的问题：

"在我们建议的方法中，没有设置管理者。这样做有问题吗？"

"没有问题，"他回答，"告诉我你在这种新方法下将如何实现你的目标，以及我们如何去度量这种影响。我将全力支持你。"

他们建议缩小团队的责任范围。他们发现，如果团队的责任范围太广会引发问题，并且会因为问题太大而难以明确前进的道路。

"在分析过程中我们发现，责任范围非常广、太模棱两可的团队需要很长时间才能汇集出一个解决方案。如果团队的责任更为集中，并在可以操作的区域设置清晰的界限，则可以更快地交付价值。"

那么，自治的关键是什么？我们认为这是自主工作和责任之间的微妙平衡。当团队可以理解应得的结果和他们拥有的决策权并且掌握获得成功

所必需的资源时，就会达到这种平衡。传统的职能团队存在太多的利益相关者，这意味着只能等待某个管理者或职能团队去做出决定，从而导致他们缺乏责任感。与之相反，还有一些敏捷团队疯狂地运转，做出了他们不应该做的决策。在决策和责任之间取得正确的平衡并不容易，但对于创建有效的自治团队来说是非常必要的。

自治团队的特征

最佳决策和产品出自具有以下特征的团队：

- ❑ **独立**。团队是自我指导的，有明确的目标和界限，使其得以充分发挥作用。
- ❑ **赋能**。团队意识到他们的决策不会不断受到质疑，他们清楚地了解自己的决策权。
- ❑ **负责**。团队对他们达成的结果负责。
- ❑ **协作**。团队内部的信任度高，团队成员可以畅所欲言、齐心工作。
- ❑ **多学科**。不同的学科带来不同的观点和经验，有助于得到更好的解决方案和更好的决策。
- ❑ **透明**。信息被广泛传播和共享，而不是被隐瞒。

3.6　跨职能和协作式决策

传统的层级式管理中的控制欲会阻碍决策，并导致糟糕的选择。最佳、最快的决策往往是由最接近工作的人做出的。EDGE 提供了一种方法，能负责任地将决策委托给最接近信息的人㊀。

EDGE 还可以帮助组织建立反馈机制，以确保即使决策是在团队层面被制定的，领导者仍然能看到这些决策的结果——这确保了决策的透明以及领导者对团队的指导。坚持短期迭代和频繁反馈的部分原因是确保团

㊀ 有关跨职能团队和自组织团队之间的区别，请参见第 9 章。

不会在没有展示他们的想法和成果的情况下走得太远。通过建立制定良好决策并允许团队在其中自由运作的指导原则，组织可以更快地做出响应。

"透明"意味着企业的各个层面（从高层到交付团队）都可以自由分享投资决策和做出这些决策的理由。例如，"目标"决策形成了制定有关"投注"决策和"举措"决策的上下文。当团队知道为什么选择这些目标，甚至知道哪些曾经被讨论过而没有被选中时，他们就能针对如何实现这些"目标"来制定更好的决策。

协作式决策并不意味着要召集所有人来制定每一项决策，而是让那些会被决策影响的人参与这个过程。此外，无论在哪个层级上制定决策，更好的决策都是源于对预期的业务成效的共同理解。

3.7 结语

流程、实践、工具，甚至人都会随着时间而改变。与之相反，原则的演变是非常缓慢的，甚至可能一成不变。变革日新月异，而原则应当成为变革的基石。我们将在后续章节对流程和实践进行深入研究，它们会为 EDGE 原则增加更多的深度。

第 4 章 Chapter 4

构建价值驱动的投资组合

EDGE 提出的一个根本性问题是"我们该如何投资"。在第 1 章和第 2 章中，我们探讨了现代组织面临的巨大机遇，这些机遇很大程度上是科技进步的产物。作为一家企业，不论规模大小，都必须仔细甄别这些机遇，然后形成自己的有针对性的目标：哪些机遇当下必须抓住，哪些机遇是未来的发展方向，哪些机遇需要果断舍弃。过往的经验告诉我们，这个甄别过程并不容易。在此过程中，你需要有熟练的分析能力和敏锐的判断力。本章和下一章介绍的精益价值树（LVT）和成功的度量标准（MoS）为这个甄选过程提供了强大的思维优化工具。"敏锐的判断力"这个概念不容小觑：在这两章中，我们会概述企业数字化的投资流程，但是，如果决策力糟糕，即便 LVT 图表做得再花团锦簇也于事无补。组织实现成功转型并没有灵丹妙药。也许我们在招聘胆识型领导者时还需要附加一个条件声明：此职位不仅需要非凡的勇气，同样需具备精确的判断力。

厘清投资问题可以分为三个阶段。第一步，确定投资的范围。我们的方法是采用由目标、投注和举措组成的 LVT 来诠释企业的愿景和战略。第二步，制定可操作且以成效为导向的 MoS，随着交付流程的推进清晰地展示项目进度，而不是把 MoS 放在最后。第三步，利用 MoS 的相对值对 LVT 中的项目进行优先级排序。本章将重点讲解第一步，第二及第三步将在第 5 章中介绍。

"树"这个字在"精益价值树"这一概念中别具深意。树的枝丫是从树的主干（愿景）延伸出来的。树是有生命的，可以根据环境条件改变自己，并最终适应环境。你的 LVT 绝不应该是一本搁置在架子上落灰的计划书。它应当是领导者未来愿景的投射，从树干（愿景）到树叶（举措），它使组织内部的每一个成员都理解其内涵并一致认同："这就是我们前行的方向，我也理解组织这样做的原因。"

作为一个活文档，LVT 能够让我们看清组织的战略意图，因此这也是整个价值流中决策制定的关键输入。如果能善加利用，这项工具就能够有效减小只有高管才充分理解战略方案与每个价值流中人员决策之间的传统鸿沟，而后者才是真正手握企业日常工作方向盘的人。

工作一旦开始推进，就需要使用价值驱动、短期迭代的轻量级组织治理方法来推动投资组合朝着既定愿景发展。LVT 成为连接组织前行机制的纽带，在理解组织的战略意图和预期成效的基础上做出决策。

一家电信公司的精益价值树

我们曾经帮助一家电信公司的数字业务部门创建精益价值树。在首次迭代中，我们先对数字产品总监和投资组合所有者进行了限时 2 小时的测评，最初目的是评估我们对当前投资组合的了解。

首先，我们根据业务目标对当前正在进行的工作绘制了一张图表。在此过程中，我们发现这些目标并没有明确表述其对组织的重要性。例如，"市场份额增长至 20%"并不能说明这项投资将给客户带来多少收益。因此，我们花了一些时间来厘清投资组合中每个项目与组织目标的契合关系。通过这项操作，我们可以将工作分解为客户成效举措。例如，把"市场份额增长至 20%"变成"让客户在同一设备上无缝观看电视直播和网络电视"。

我们从这个限时测评中学到三点：

1. 通过将组织目标与客户成效联系起来，我们可以清楚地知道每项投资的价值以及它对组织而言意义何在。

2. 通过将所有工作可视化，我们可以看到最不重要的举措往往获得了最多的投资。这让我们有机会重新平衡投资组合，并为客户交付最大的价值。

3. 通过限时的初始投资组合审查，我们能够证明 EDGE 的应用价值，并与投资组合所有者、业务部门负责人、首席数字总监一起为继续这项工作而建立案例。

4.1 战略与精益价值树

LVT 工具可以用于描绘并共享组织愿景和战略。树中的所有内容都源于实施商业愿景，并以成效为框架，因此这些活动将为组织提供明确的价值。我们在第 1 章中介绍了适应度函数的概念，并从关注投资回报率（ROI）等指标过渡到以客户价值衡量成效。当你开始构建 LVT 时，请在心里默念这条咒语："成效、客户、价值"。

如图 4-1 所示，LVT 包含了精益开发的价值驱动实践，因为所有的工作都源于愿景，并与目标明确地联系在一起，不存在特殊的附带项目或庞大的工作计划。相反，工作被分解成小的、独立的、有价值的增量，这些增量清晰地与成效挂钩。每个增量成效的价值都应该是可度量的。

专业术语的说明

这里关于 LVT 中标签的说明只是其描述方式的一个示例。使用其他标签的效果也一样很好。你应该根据环境调整 LVT 术语的使用。"投注"可能是描述娱乐业价值假设的一个恰当说法，但在财务建议的设定中就不合适了。

LVT 的层数也可以随着环境变化灵活地设定。如果描绘全组织的投资组合，则最具代表性的是三级 LVT，但你可能只有两级，或者多达四级。下面是我们在实践中应用 LVT 标签的一些示例：

- 目标、投注、举措。
- 成效、举措、最小可行产品。
- 目标、主题、假设。
- 目标、假设、价值承诺。
- 巨岩、巨石、卵石。
- 一级、二级、三级（层数）。

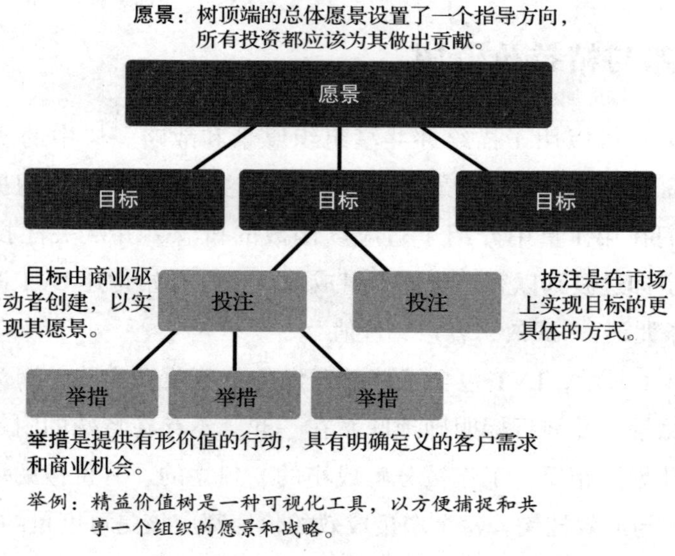

愿景：树顶端的总体愿景设置了一个指导方向，所有投资都应该为其做出贡献。

```
                    愿景
         ┌───────────┼───────────┐
        目标         目标         目标
                  ┌──┴──┐
                 投注   投注
              ┌───┼───┐
             举措  举措  举措
```

目标由商业驱动者创建，以实现其愿景。

投注是在市场上实现目标的更具体的方式。

举措是提供有形价值的行动，具有明确定义的客户需求和商业机会。

举例：精益价值树是一种可视化工具，以方便捕捉和共享一个组织的愿景和战略。

图 4-1　LVT 使你能够描绘并共享愿景和战略

4.1.1 定义目标、投注和举措

目标

目标、投注和举措的结构如图 4-2 所示。目标用来描述组织计划如何实现愿景。目标是对高层商业战略的相对稳定的观点，并通过预期成效进行表达，而不是通过特殊的解决方案、产品理念或功能。理想情况下，目标可以清楚地说明客户的预期成效，从而使组织实现其愿景。目标应该让我们对未来 1～3 年内组织的发展蓝图有所了解。这并不意味着目标在这段时间内不会有任何改变，但它应该充分体现组织的雄心壮志，以鼓励长远的思考并为组织决策带来稳定性。

目标：在同学聚会中光彩照人（价值目标）	
投注 1：吃得更少	投注 2：锻炼得更多
举措 1.1：少吃甜甜圈	举措 2.1：CrossFit健身课
举措 1.2：少吃糖	举措 2.2：开始跑步

图 4-2　健身与瘦身的 LVT 示例

投注

目标包括了一个投注的组合。每一个投注都是一个价值假设，组织相信它将帮助自己实现某个目标。如果投注不支持目标实现，它们就不属于投资组合。与之相反，目标应该包含每一个为了实现该目标所必需的投注。由此，我们就建立了 LVT 的相互独立、完全穷尽（MECE）⊖的属性。企业可以向能够进一步实现目标的投注继续投资，而对那些没有实现目标的投注停止投资。

那么，为什么我们喜欢"投注"这个词呢？在《自适应软件开发》⊖中，Jim Highsmith 引入了一个类似的术语"推测"。我们用这些术语来代替术语"计划"，来表示未来是未知的，甚至在你到达之前往往是不可知的。"计划"在过去被许多人视为一种确定性：如果计划得足够好，我们就可以指望现实会按照计划的方式去实现。"投注"和"推测"迫使我们面对这样一个现实：

⊖ Barbara Minto. *The Pyramid Principle: Logic in Writing and Thinking*. 3rd ed. Har-low, UK: Prentice Hall, 2010.

⊖ James A. Highsmith. *Adaptive Software Development: A Collaborative Approach to Managing Complex Systems*. New York: Dorset House, 1999.

未来将带来我们没有预料到的变化。如果我们承认未来是变化无常的，我们就必须采取更好的实践和成功的度量，以使我们能够适应未来发生的事情。

在复杂的环境中，遵循计划只能制造出你想要生产的产品，而不是你需要的产品。

——Jim Highsmith

我们坚信必须接受这样一个基本事实：未来是不可知的，你的决策系统必须具备适应性。这一点对于在当今的复杂环境中能否取得成功至关重要。如果一个组织能拥有敢于面对不确定的未来、无论何种情况都勇往直前的领导者，那么它最终必将超越竞争对手。

举措

举措描述了要通过什么方式来证明一个投注是合适的。举措通常采取一系列较小的假设（或试验）的形式，这些假设（或试验）对成功有明确的度量标准，在此基础上，团队可以决定他们是否能够证明或反驳这些假设。

举措与项目的不同之处在于，项目通常会通过螺旋上升和下降的方式变更执行计划，并在固定周期内构建功能，而举措则会有一个连续不断的假设待办列表，需要持续进行优先级的重新排序。"完成"是通过预期成效的达成来实现的，而不只是所有计划活动的达成。这个思维模式转变非常重要——从关注产出转而关注成效[⊖]。

4.1.2 描述价值驱动的投资组合

LVT 的每个节点（目标、投注或举措）描述了一个投资组合，每个节点之间的链接显示哪些节点彼此相关。MoS 还描述了每个节点所代表的预期成效，以及一些额外的描述性信息，可以帮助组织中的每个人理解其背后的意图。以下原则用来指导哪些信息需要在目标、投注和举措上展示出来。这些信息应该是可视化的，能被组织中的任何人轻易获得，并为定期

⊖ 第 6 章中有更详细的介绍。

价值评审过程中的成功治理奠定基础。

针对目标、投注或举措的投资组合节点（目标示例如图 4-3 所示）应当：

- 有名字。
- 确定其与其他节点的关系。
- 拥有目标所有者或所有者团队。
- 有描述（用预期成效表示）。
- 确定潜在的挑战与机遇。
- 有 1～3 个成功的度量标准。
- 确定潜在的子节点。

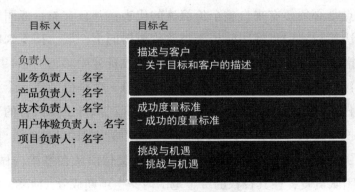

图 4-3　一页战略目标描述的示例

4.1.3　战略投资组合所有权

现在，我们对投资组合有了明确定义，你可以将每个投资组合（即 LVT 中的每个节点）的决策权委托给那些最有能力做出决策以实现预期成效的人员。EDGE 建议让决策尽可能靠近工作内容，因此我们为不同投资组合级别的所有权和决策权提供以下指导建议。

管理团队应制定 LVT 的愿景和目标层次。这与他们制定战略并为支持该战略而进行投资分配的典型责任高度一致。如前所述，愿景和目标应该相对稳定，并为组织的战略意图提供基础。如果用驾驶来作比喻，这就是允许管理团队掌控组织的方向舵。

为管理团队所描述的战略投资组合中的每个目标创建一个目标团队。这个团队至少需要包括来自业务运营、技术和产品组织的代表。该团队的章程是针对其被赋予的目标定义投注组合。这通常不是某一个团队成员的全职工作，这些角色的可能候选人会因组织而异。其目的是让整个价值流参与到投资组合的战略决策中并对其进行优先级排序。这是奠定责任制基础的关键。目标团队对结果负责，而不是对计划的执行负责。如果他们最初的投注没有达到目标期望成效，那么他们有责任更改投注并投资于其他地方，不过这些投资必须限制在管理团队赋予他们的目标范围之内。

为目标团队所描述的目标投资组合中的每个投注创建一个投注团队。同样，重点是必须要有来自整个价值流的代表，并且有与目标团队相似的责任制及决策权，但目标团队位于精益价值树的上一层。接下来就可以创建一个举措投资组合，并确定它们的 MoS 和投资分配。

为投注团队所描述的投注投资组合中的每一个举措创建一个举措团队并委以重任。在这里，我们终于可以接触到真正执行工作内容的人。由于举措是由投注团队提供资金，因此它们被分配给交付团队执行[1]。现在，我们将重点关注举措的所有权和限制的来源。交付团队在举措内做出决策，并对投注团队负责，在其授权的资金范围内产生预期成效（MoS）。

如图 4-4 所示，这种与上一层级保持一致的级联管理很大程度上借鉴了精益运动中的方针管理（Hoshin Kanri）[2]。尤其是"接球"的概念，它强调了组织中责任层级之间的沟通、问责和反馈。这种方法在某种程度上不同于方针管理最初自上而下的基本特征，而是鼓励对各种投资组合元素进行更具协作性的应用，以此挖掘组织的蜂巢意识[3]，并在变革管理的角度获得认同[4]。

---

[1] 将在第 9 章中进一步讲述。

[2] Yoji Akao. *Hoshin Kanri: Policy Deployment for Successful TQM*. New York: Productivity Press, 2017.

[3] 集体思维，意指每个人都处于蜂巢之中，彼此连通，共同担责。——译者注

[4] 系统决策权将在第 8 章中讨论。

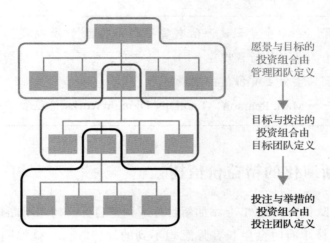

图 4-4 投资组合的级联所有权

组织的战略投资组合中的所有工作，都是为了通过 LVT 进一步实现它的愿景。一个组织使用 LVT 在一个位置共享关键信息（投资分配、成功的度量标准和一致性），以便其更容易实现和理解。组织中的每一个人都很清楚自己的职责和责任，决策权尽可能接近工作内容，以确保最大限度的上下文共享和最小限度的项目延期。

吃我们自家的"狗粮"⊖

在 ThoughtWorks，我们在自己的组织内尝试新的工作方式，以学习和提升为客户提供的服务。在早期为技术运营团队应用 EDGE 的过程中，我们认为 LVT 只能体现对组织来说有新意的战略举措。这使我们能够专注于将有限的投资分配给有创造力的新产品，并从中获得预期的 ROI。

换言之，我们取消了一切常规业务。这引发了连锁反应。在常规业务中工作的团队觉得自己的工作没有价值，因为它不可见。尽管管理层努力向团队保证他们的工作确实受到重视，但这种看法并没有改变。

⊖ "吃自家的狗粮"是一句英语俚语，常用于描述公司（尤指软件公司）使用自己生产的产品这一情况，亦简称为 dogfooding。——译者注

> EDGE 主张"一个企业无法评估它看不到的东西",所以我们决定让整个投资组合可见(包括常规业务[⊖])。这支持了更深层次的权衡,使我们能够解放团队去做更有价值的事情。
>
> ——Mark Pearson,TechOps ThoughtWorks 价值管理办公室

4.2 不断演化的精益价值树

管理团队负责在 LVT 上添加新目标或调整目标。树木不断地长出新的枝干,这些枝干有时会生长在你意想不到的地方。目标就如同树的主干,需要进行定期检查。当市场洞见发生变化或随着新机会出现而增加时,应随之对目标进行修正或删除。价值实现团队(VRT)[⊖]和管理团队根据变更进行协作,利用定期的价值审查作为这些决策的主要讨论会。

4.2.1 增加新目标

新的目标可以来自多个渠道:
- 战略规划:行业、竞争对手和客户分析。
- 投注所有者及其团队的反馈。
- 实施愿景和灵感。

潜在的目标应该由一个初步的目标所有者团队进行深入研究,并配备能够带来不同经验和领域视角的成员。目标所有者团队应该对目标有着广阔的视野,并对可能的投注和 MoS 进行初步观察。由此,团队可以阐明并分享高层次的洞见。而这些信息能够帮助管理团队决定是否要实现这个目标。

一旦充分了解潜在的目标,组织就拥有多种选择:
- 将其作为新目标添加到 LVT 中。

⊖ 更多关于常规业务整合的内容请参阅第 7 章。
⊖ VRT 是从投资组合管理办公室演变而来的,将在第 9 章中进一步介绍。

- 将其与现有目标合并。
- 在现有目标下将其作为战略投注。
- 将其退回初步所有者团队进行进一步研究。
- 放弃该目标。
- 将其保留在该目标中或投注的待办列表内以备日后考虑。

组织所采用的目标需要一个永久性的所有者团队，该团队负责根据需求调整投注和 MoS，并审查初步团队制定的战略。

4.2.2 增加新的投注或举措

EDGE 是分形的。因此，增加新投注的过程与增加新目标的过程非常相似：识别、VRT 接收、初步所有者团队审查、升级为待办列表候选，然后放置到 LVT 上（图 4-5）。

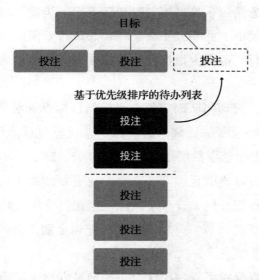

图 4-5 新的投注必须与待办列表中其他投注竞争排名，价值最高的投注先移至树上

一旦做出将投注移到树上（或不移动）的决定，目标所有者就可以决定何时创建投注所有者团队并执行更详细的任务。

投注应该比目标更频繁地被审查和更新。可以根据进度（或不足）、与待办列表中其他投注的相对价值排名变化或者目标范围扩展、资金扩大来对其进行增加、消除或调整。

投注中的举措需要遵循类似的提议流程——就像目标中的投注一样。新的工作也可以是可持续的项目,这可能是关于举措的一个特例。

更新的 LVT 和构成细节应该是组织中各层级的共同工作知识。该信息的发布由 VRT 协调,需要管理团队和所有者进行宣传并解释情况的变化及原因。

4.3 资金分配

确定追求的最佳机会可能会是一个令人生畏的选择。人往往会受到这样的诱惑,认同应该先满足迫在眉睫的需求,而不是去抓住未来的机会;或在选择这个业务领域还是另一个时摇摆不定。毕竟,对现有产品和服务的投资似乎风险较小,且 ROI 更高。但要想取得长期的成功,你的管理团队必须在规定的时间范围内根据度量的结果进行调整,为特定的目标分配投资。

在 EDGE 中,管理团队确定每个目标的目标投资水平(见图 4-6),将其作为其总体战略投资的比例。这确保了总投资在总体目标上是平衡的。图 4-7 展示了对投注和举措层级的进一步分配。对于较小的组织来说,按照目标来划分投资可能就足够了。而更大或更复杂的组织可能就需要按照目标和类别分配投资。例如,一个国际性组织可能需要将投资分配到地理位置(类别),然后是目标。一旦资金被分配到类别,你就可以继续对目标列表进行优先级排序。

投资细分主要反映了管理团队对于如何最好地推进愿景的判断。判断是这个过程中的一个关键输入。传统的投资分配方案通常基于详细的 ROI 预测。然而,当目标具有变化性时,需要根据更广泛的标准来判断分配,其中一些标准是定性的,而不是定量的。拥有良好的 MoS 和短交付周期有助于组织避免在错误的目标或投注上投入过多。

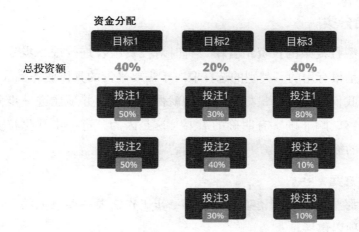

图 4-6 资金分配从愿景流向目标,再到投注,最后到举措

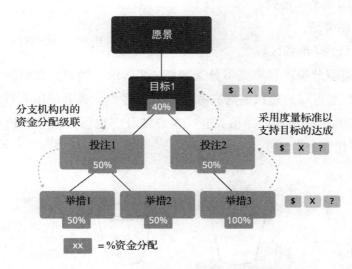

图 4-7 LVT 中的资金分配和成功度量标准

目标和投注所有者应该通力合作,为支持目标的投注和举措进行预算分配。当有明确的度量标准来跟踪价值的增量交付时,你会做出更好的预算分配和重新分配决定。这是 EGDE 思维的主要转变之一:从批准特定的工作和解决方案转变成为期望成效提供资金。

投资组合分类

在大型且复杂的投资组合中,有时对投资组合进行进一步分类以保持投资平衡是很有用的。类别的选择取决于需要平衡的具体业务挑战。

根据我们的经验,最好从一开始就保持简单,并顶住进一步分类投资组合的诱惑,除非确实有明确的需要。这是因为,进一步细化粒度是需要付出昂贵的额外代价的。

分类方案

对于那些难以抵御诱惑或者对下一步工作需要一些意见的人,我们提供以下选项以供考量:

- 客户类型/细分市场。
- 三层地平线模型。
- 产品类型。
- 地域性/市场区域。

客户类型分类。客户类型分类如图4-8所示。例如,在财富管理设定中,客户类型可以是建议的客户和不建议的客户,或者使用人口统计数据(如年龄、所在地和资产净值)进行客户细分。也可以按"千禧一代"和"婴儿潮一代"分类。

图4-8 客户类型分类示例

三层地平线模型分类。麦肯锡公司的三层地平线模型⊖(如图4-9所示,

⊖ 有关麦肯锡公司的三层地平线模型的详细说明,请参见Mehrdad Baghai, Steve Coley, and David White. *The Alchemy of Growth: Practical Insights for Building the Enduring Enterprise.* Reading, MA: Basic Books, 1999。

配置如图4-10所示）旨在强调扩大当前业务运营的短期投资（第1层）与更具风险性的未来重点投资之间的区别。第2层和第3层地平线关注的是变革性的商业机会，虽然这些机会通常并不"紧迫"，但对于长期生存来说非常重要。这是一个很容易在未来投资中妥协的领域，因为回报往往在未来才能实现。如果第1层和第3层仅仅按ROI进行排名，则接受不到任何的未来投资。

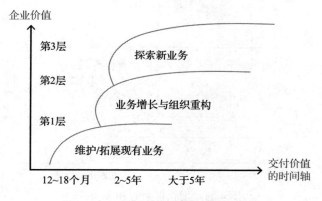

图4-9　三层地平线模型的时间框架

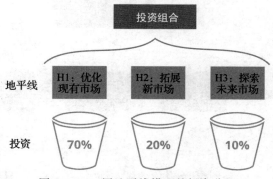

图4-10　三层地平线模型的投资分配

产品生命周期分类。管理文献中包含大量用于评估产品的2×2矩阵。波士顿咨询集团的BCG矩阵㊀（如图4-11所示，配置如图4-12所示）早已

㊀ 有关BCG矩阵的详细说明，请参见Carl W. Stern, and Michael S. Deimler, eds. *The Boston Consulting Group on Strategy: Classic Concepts and New Perspectives*. 2nd ed. Hoboken, NJ: Wiley, 2006。

存在，它是基于产品生命周期理论建立的。在特定情况下（如反映价值与风险），使用其他矩阵可能会更好。

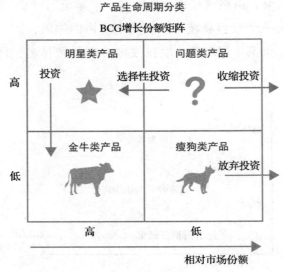

图 4-11　增长份额的 BCG 矩阵

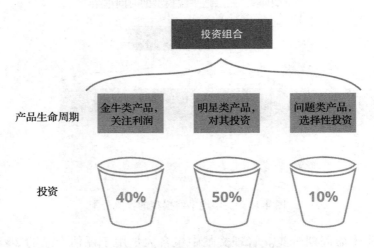

图 4-12　产品生命周期投资分配

地域性/市场区域。如表 4-1 所示，大型公司可根据其地理位置（或特定市场区域，如亚洲、欧洲、北美洲等）进行投资分配。

表 4-1 地域性投资分配

市场区域	投资分配
亚洲	20%
欧洲	20%
北美洲	20%
南美洲	20%
非洲	20%

4.4 结语

本章的重点是一个关键性问题"我们应当如何投资"。在这一点上，你需要先回答这个问题："LVT 与传统的投资方法有何不同？"企业规划的树形结构几十年前就已经出现。目标管理（Management By Objectives，MBO）方法多年来一直很受欢迎，它具有与 LVT 非常相似的愿景、目标及目标结构，为组织层次结构中的每个高管和管理者生成了一个详细的、按优先级排列的目标列表。不幸的是，MBO 产生了各种各样的问题，其中最糟糕的是形成了一种推崇个人主义而不是崇尚协作与团队合作的有害环境。例如，假设我有一个 1 号优先目标，但这一目标的实现取决于你先完成 6 号目标。这种关系经常会引发争执：你不想为 6 号目标工作，因为你的绩效并不取决于我的 1 号目标，而是取决于你自己的 1 号目标。由于组织中所有关系相互纠缠、依赖，所以几乎不可能解开这一团乱麻。

虽然并非完美，但关注客户成效和客户价值更有利于推进协作。由自给自足的团队而不是某一个人在 LVT 的每一层级致力于完成与客户预期成效相一致的目标、投注和举措，为组织的战略意图创建了清晰的视线，并为团队工作提供了明确的目标。

正确使用 LVT 还意味着专注于可度量的客户价值成效，而不是 ROI 这样的内部度量。这并不是说 ROI 不重要，事实上，它是非常重要的。ROI 不是一个目标，而是一种限制。组织必须盈利才能生存。但是，什么是最好的盈利方式？我们认为，应该关注成效而不是内部产出。

最终，你必须接受自己无法预测未来的事实，唯有通过 LVT 去实施 EDGE。这种方法专注于短期迭代、创新和快速学习，可以帮助你更好地适应现实。要做到这一点，你需要递增地评估 MoS，而不是只在项目结束时评估。致力于每几周交付一个小的价值增长，可以让你获得快速的学习反馈——而当项目要用 9 个月才能完成，甚至需要更长的时间来确定这些项目对最终盈亏的影响时，快速地学习反馈显然是不可能实现的。

第 5 章

价值度量与优先级排序

对于 EDGE 提出的"我们应该如何投资"的问题,答案还需包括第二个方面:制定适当的成功度量标准(MoS)。尽管你的精益价值树(LVT)的报告是以成效为导向的,但你必须确定如何度量这些成效。如果没有明确的 MoS,那就只剩下华而不实的论述和对于成败的武断结论。确立目标只是第一步,接下来就需要确定适当的度量标准,对该目标及其他投资需求做优先级排序,然后随着举措的推进监测进展情况。尽管验收标准充实了敏捷故事,并为开发人员提供了理解需求所需的关键信息,但 MoS 更有助于描述工作的预期成效,在某种程度上使担任这项工作的人可以通过测试来确定他们是否走上了正轨。

5.1 为何度量标准如此重要

清晰理解组织对特定投资组合的期望,是让整体价值最大化的关键。一种常见的误解是,度量标准建立在工作定义之后,并且仅用于跟踪工作进度。但实际上,经过正确制定并阐述的度量标准能成为定义工作的有力工具，有助于在不限制创造力的前提下实现预期成效。

在 EDGE 中使用 MoS 有三个主要原因：

- ❑ MoS 有助于领导者计划和调整工作，而无须指定具体的解决方案。
- ❑ MoS 取代了可交付成果，对团队工作的期望产出进行了主要说明。
- ❑ 在整个交付过程中使用 MoS 来展示进度、确定工作的优先级排序，并支持增量资金的决策。

5.2 确定成功的度量标准

理想情况下，MoS 代表了客户价值——对客户认为有价值的成果的度量（图 5-1）。为组织所预期但客户并不直接认为有价值的成效被称为"收益"。客户价值和内部业务收益之间的差异是转变为以客户为中心的企业观的另一个重要步骤。

图 5-1 MoS 应尽可能强调客户价值

5.2.1 客户价值

客户价值 MoS，例如交付时间（从下订单到接收）和客户满意度，是对代表客户价值的成效的良好度量。应该争取在现有的数据和测量限制条件下强调客户价值的 MoS。

代表客户价值的 MoS 示例

按揭售房客户
- ❑ 初始目标：出售更多按揭房。
- ❑ 升级目标：使更多的人买得起房。

> - 度量标准：已批准购买的房屋数量。
>
> **汽车销售客户**
> - 初始目标：降低汽车保修成本。
> - 升级目标：提高车主的信任度。
> - 度量标准：保修期维修成本。
>
> **酒店业客户**
> - 初始目标：酒店接待服务的无缝衔接（如统一员工制服、入住手续办理的连续性）。
> - 升级目标：尽量缩短顾客办理入住所需时间。
> - 度量标准：从顾客抵达酒店到拿到房间钥匙的用时长短。

5.2.2 商业成效

收益、利润、市场份额和上市时间都是度量组织预期收益的指标，但并不是客户认为有价值的指标。我们通常把成效作为"护栏"，防止以客户为中心的团队放飞自我。

5.2.3 活动度量标准

准时、预算差异、速度和缺陷数都不能为交付团队提供方向性指导，而且与价值没有直接联系。活动的度量标准应该在团队中使用，只有这样才能促进学习和持续改进。活动的度量标准绝不应当用于评估目标、投注或举措的价值。

5.2.4 领先和滞后的度量标准

度量标准通常表现为领先或滞后的指标。在 EDGE 的上下文中，这是帮助识别有效 MoS 的另一个好方法。

例如，在目标层面上，像客户满意度（滞后指标）这种以价值为导向的 MoS 可能需要一段时间才能产生影响，而许多不同的因素又可能会影响到它。它在目标层面上提供了有用的指导，因为它将投资聚焦于客户，并且对解决方案没有过多的规定。然而，它不适合对举措进行引导，因为它不够敏感——在行动和结果变化之间可能会有明显的延迟。

与之相反，如图 5-2 中的示例所示，举措的 MoS 通常是领先指标。这些基于行为的度量标准是反馈和指导决策的关键来源。它们更敏感，因此对优先级排序和更快决策很有用，这在举措层面上很有帮助。

目　　　标：在同学聚会中光彩照人（价值目标） 度量标准：体重减轻（滞后指标） 指　　　标：4周内减掉5磅（约2.27千克）	
投注1：吃得更少 度量标准：每天消耗的热量（领先指标） 指标：每天摄入的热量从3000卡路里减至2000卡路里	投注2：锻炼得更多 度量标准：每周运动时间（领先指标） 指标：每周运动时间从2小时增至10小时
举措1.1：少吃甜甜圈 度量标准：每天吃的甜甜圈数量（领先指标） 指标：每天吃半个甜甜圈	举措2.1：CrossFit健身课 度量标准：每周上CrossFit健身课的次数（领先指标） 指标：每周上CrossFit健身课的次数从1次增至3次
举措1.2：少摄入酒精 度量标准：每天摄入的酒精量（领先指标） 指标：每周不超过2杯	举措2.2：开始跑步 度量标准：每天跑步的距离 指标：每天3英里（约4.8千米）

图 5-2　目标、投注、举措和成功的度量标准示例

关注领先指标肯定会存在风险：你可能对领先指标（投入）和滞后指标（成效）之间的关系做出错误的假设。一旦出现这种情况，你就会发现，用领先指标 MoS 来引导举措只会让情况看上去进展顺利，但无法达到预期的成效。

我们的建议是，只有当你对这些指标与客户价值之间的相关性非常有信心时，才可以使用领先指标 MoS。如果你没有足够的信心，那么在进行大量投资之前，先设计一些早期活动来证明你的假设。图 5-3 描述了如何将客户价值、业务收益和活动度量标准与 LVT 统一起来。

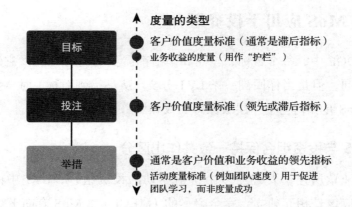

图 5-3 客户价值、业务收益和活动度量标准如何与 LVT 统一

5.2.5 度量标准的数量

你可能需要多个 MoS 去描述投资组合（目标、投注或举措）的预期成效。然而，使用太多 MoS 可能会适得其反，只使用单个 MoS 也可能造成不良后果。

举例来说，如果你只有一个 MoS，比如客户满意度，它可能会以牺牲盈利能力为代价来驱动满意度。你可以通过增加"护栏"——盈利能力（收益）的度量标准来避免这种不理想的结果，这个度量标准为解决方案应如何优化客户满意度和盈利能力提供了指导。然后，当你的交付团队确定备选解决方案的优先级时，它将倾向于那些既能提高客户满意度又能提高盈利能力的解决方案，而不是那些只能影响其中一项度量标准的解决方案。

一小组 MoS（1~3 个）应经过精心设计，以便能够清楚地识别出高价值的选项，也可以识别并避开会降低价值的选项。

将高度相关的 MoS 放在同一投资组合中并不会产生什么帮助，因为根据定义，如果其中一个 MoS 显示积极的结果，则其他的 MoS 也会有同样的结果。应该选择对你的团队最有意义并且花费最少的气力就能获得的度量标准。

5.3 将 MoS 应用于投资组合

在 EDGE 中，每个目标、投注和举措都需要明确的 MoS。它们在类型上有所不同，但是当你回溯一条 LVT 分支（从举措到目标）时，应该很容易看到 MoS 是如何与上一层级保持一致并做出贡献的。

使用 MoS 与投资组合保持一致并作出区分

如第 4 章所述，要建立一个价值驱动的投资组合，LVT 中的每个投资组合都应该是相互独立、完全穷尽的（MECE）[一]。MoS 有助于对 LVT 中的投资组合进行区分。一个给定目标的所有投注都应该对该目标的 MoS 有所助益。同时，每个投注都应该有一些独特的 MoS，或者对其上一层级的 MoS 有独特的影响，使其与目标中的其他投注有所不同。

同样，在一个投注中，举措的 MoS 应该有助于将每一个举措与其他举措区分开来。

> **ThoughtWorks 公司如何应用 MoS**
>
> 在重新定义内部投资组合中的 MoS 的早期阶段，TechOps 团队有许多可用的度量标准，我们很难找到最有用的。例如，团队做了一个假设：人工管理的会议室会增加预订房间和调试设备的时间，客户满意度因此而降低；而自动化管理将为与会者节省出更多的时间去从事更有价值的工作。他们对自动化管理的会议室数量进行了统计，但这并不能帮助他们理解对客户来说什么东西有价值。经过不断的努力，他们最终根据需要人工干预的会议室数量确定了成功的度量标准。这个替代的度量标准将团队的精力集中在减少人工干预上，从而为客户节省了宝贵的时间。
>
> 团队对于成功的度量标准提出自己的想法，还可以将他们所做工作

⊖ Barbara Minto. *The Pyramid Principle: Logic in Writing and Thinking*. 3rd ed. Harlow, UK: Prentice Hall, 2010.

> 的重点与它对客户如此重要的原因联系起来。这也让他们"拥有"了成效，而不是感觉自己仅仅在照方抓药。

5.4 价值优先级排序

对于许多组织来说，进行优先级排序是极其困难的——因为他们每件事都舍不得放弃。对于在现有目标和新目标上进行多少投资的决定，需要周密思考、冷静判断和一点点运气。为了降低带领组织走上错误道路的风险，需要根据客户价值定期进行优先级排序。

在传统的投资组合管理中，优先级排序的过程往往侧重于估算的投资回报率（ROI）和资源的充分利用（如资金、人力）。在 EDGE 中，组织使用 MoS 来描述它想要从每个投资组合中得到的成效，并使用这些 MoS 来对投资组合中的工作做列表及优先级排序。使用 MoS 进行优先级排序能够确保组织致力于那些产生最大价值的项目。

5.4.1 优先级排序方法

优先级排序的方法有很多。我们在 EDGE 中一直提倡：对你来说有效的方法就是正确的方法。但是，我们建议采用以下标准来评估你的方法能否为组织提供良好的服务。

- 你的方法是否会导致价值最高的投资组合项目出现在你的列表的首位？
- 是否考虑过完成工作所需的努力？在对具有相同价值贡献的投资组合项目进行排序时，是否将所需付出努力最低的项目排在最前面？
- 是否有办法将影响 ROI 的其他因素纳入决策？
- 在最后决策时刻，能否将你的方法应用到所掌握的信息中？
- 你的方法是否可以迅速将新创意适当地纳入优先级排序列表？
- 你的方法是否可以生成一个没有依赖、相互独立的排序表？

相对价值评分

有一种优先级排序方法可以满足上述标准,这种方法就是相对价值评分。在对项目进行排序时,所有者或团队不会试图对 MoS 的确切影响程度做预测,而只是预测与该投资组合中其他项目对比的相对影响。然后,所有者或团队使用相同的比较方法来预测完成某件事情所需的投资或付出。这种方法需要成员共同努力,即充分利用每个人的领域知识和经验,从而快速做出优先级决策。还有一个优势是,如果获得了新的信息,这种方法也很容易随之进行调整,因为它是基于可见性、协作性和相对排名的。

相对价值评分与传统的投资组合管理方法有着本质的不同。传统的投资组合管理方法花费大量精力来进行某种前期 ROI 调整。而 ROI 基于一系列需要验证的假设,不应作为优先级排序的唯一依据。这样做只会限制你在价值甄别上的判断能力,并影响你在工作完成后和学习过程中验证这些判断。

充分运用投资组合所有者团队的智慧,为每个投资组合项目的 MoS 进行价值影响力评分。你可以使用"低、中、高"来打分,或者 T 恤的尺码(S、M、L),甚至可以用斐波那契数(1、2、3、5、8、…)作为度量等级标准。如图 5-4 所示,将每个项目的价值得分相加并对该列表进行排序,就可以选出价值最高的项目。在这种方法中,很重要的一点是在投资组合中进行互相评分。换句话说,评分完成后,得分最高的项目相对于列表中的其他项目,代表了最大的价值。做到这一步,你就已经成功了一半——现在你充分了解了什么是最有价值的投资组合。

		成功的度量标准			
举措	净推荐值	转换	放弃	价值评分	价值优先级
举措1	1	1	2	4	3
举措2	1	1	1	3	4
举措3	2	3	2	7	1
举措4	2	2	1	5	2

图 5-4 价值影响评分

接下来，你需要将付出因素纳入你的方案。我们所说的"付出"是指你为了获得估算出的价值所需要进行的投资。付出通常用金钱来表示，但这不一定是唯一的组成部分。例如，在某些情况下，变更的能力会是一个重大的限制，将这个因素纳入等式的"付出"这一边是很有必要的。其他可能的付出度量标准（MoE）包括时间、风险和复杂性。根据经验，你可以（也应该）使用任何 MoE 来帮助你找到付出最少的项目。如图 5-5 所示，你可以使用与图 5-4 相同的相对评分方法，为投资组合中的每个项目进行付出评分，合计每个项目的得分，并对列表进行排序。这样就能知道哪些项目需要最大的付出才能完成。

举措	投资	风险	变更	影响评分	影响优先级
举措1	3	2	2	7	3
举措2	2	3	3	8	4
举措3	2	2	1	5	2
举措4	1	1	1	3	1

最低影响

图 5-5　付出影响评分

接下来，将这两个部分结合起来，将价值得分除以每个项目的付出得分。对得到的数据进行排序（如图 5-6 所示）将得到按最高价值和最低付出量排序的投资组合项目。这样就创建出项目组合所有者和团队需要处理的待办列表。

举措	价值评分	付出评分	价值/付出	优先级
举措1	4	7	0.57	3
举措2	3	8	0.38	4
举措3	7	5	1.40	2
举措4	5	3	1.67	1

最低付出对应的最高价值

图 5-6　价值与付出结合评分

这里有一点需要特别注意：你如果希望MoS和MoE计划尽可能简单，那么很重要的一点是——你能迅速地根据团队的智慧来评分，从而避免发生重大的分析延误。

延迟成本

对投资组合项目进行优先级排序还有一种更复杂的方法，即使用延迟成本（CoD, Cost of Delay）[一]。从根本上说，CoD是提前完成预期工作的价值。它通常表现为所接受的任务在一个月内变化的货币价值。例如，如果一个新的软件功能预计将以某种方式提高客户体验，从而对你的客户保留率（投资组合的一项MoS）产生积极影响，那么可以将一个月内客户保留率变化的货币价值作为该功能的CoD。前提条件是，如果该产品功能要延迟一个月才能实现，你就无法从留住客户的积极影响中获益。

在这个例子里可以看到，你需要非常清楚地理解软件功能与其对客户保留的影响之间的关系。你需要对投资组合中的每一个项目都有类似的理解才能有助于确定优先级。对于拥有交付团队的成熟投资组合来说，这也许是可能的，因为交付团队对他们的投资组合领域有深入了解，并拥有必要的基础设施来捕获和分析他们的MoS数据。然而，根据我们与一些大型组织的合作经验，这种复杂程度通常远远超出了其目前的能力。请参见黑天鹅农业公司关于其与Maersk合作经验的白皮书[二]，书中对其在实现投资组合优先级排序的CoD方面所做的努力有详细的描述。

为了完整，让我们将应用CoD进行优先级排序的示例做完。在本例中，CoD用于表示功能的价值。这将替代前面示例中使用的相对价值MoS评分。为了完成这个等式，我们引入了付出这个度量概念。这一步使我们得以确定最有价值且需要最少付出即可实现的功能。这种方法通常被称为

[一] 有关CoD的完整说明，请参见Donald G. Reinertsen. *The Principles of Product Development Flow: Second Generation Lean Product Development*. Redondo Beach, CA: Celeritas Publishing, 2009.

[二] Joshua Arnold, and Özlem Yüce. "Experience Report: Maersk Line" Black Swan Farming [blog], 2013. http://blackswanfarming.com/experience-report-maersk-line/.

延迟成本除以持续时间（CD3）[○]。如图5-6所示，要完成优先级排序，需要将CoD除以交付功能的持续时间，然后得到一个分数。这种方法的计算精度对不少组织来说是极具吸引力的。

经验告诉我们，还需要留心一些额外的注意事项。除了需要深入了解你的候选工作和预期成效之间的关系外，CD3严格关注持续时间，因为整个方案依赖于利用有限的资源来提供最大的价值。对于一个专注于从委托的资源中获得最大效益的技术组织来说，这是一种非常有效的方法。不过，EDGE建议你关注实现的实际价值——而这远远超出了技术组织的交付工作。事实上，整个价值流必须协同运作才能实现这一价值。

如前所述，对于CD3，持续时间因素不会考虑其他类型的付出。例如，对于某些投资组合，实施变更管理所需的付出是比持续时间更重要的限制条件。另外，相比所需时间或技术开发相关成本，信誉风险因素在进行优先级决策时往往占有更大比重。当然，也有办法将这些关注点都纳入CD3基础优先级方案。然而，我们相信其复杂程度超出了许多团队的能力范围，因此这种方法可能会制造一个陷阱——看起来很精确，却会产生意想不到的后果。

我们的建议是从相对价值评分开始。然后，当你有一个运行良好的流程需要进一步改进时，考虑在一些高度动态的投资组合中试用CD3。

5.4.2 管理战略性待办列表

企业总是有非常多的创意想法，远比其能完成研究的想法要多得多。所以，当你构建LVT时，很可能会得到一些还没有获得投资的事项，并且可能只是待办列表中的候选项。在实施举措的同时，你还将学习什么会对企业产生利与弊来收集想法。一如既往，你的竞争对手与市场不可能停滞不前；因此，随着市场的变化，你会产生新的想法来应对新的发展。

利用LVT可以使整个组织更为统一并且更熟悉投资计划，从而带来一

○ Donald G. Reinertsen. *The Principles of Product Development Flow: Second Generation Lean Product Development*. Redondo Beach, CA: Celeritas Publishing, 2009.

个好处——许多新想法有时会从意想不到的地方出现。这是件好事，但这种增长需要加以管理，否则最终会让你不知所措。价值实现团队（VRT）通过收集潜在待办项目集合中的所有想法来帮助你进行管理。在一些组织中，我们把这个不受约束的集合称为"收件箱"。

VRT 还安排对潜在想法的定期审查，确定它们的优先级排序，以便进行梳理，并可能将其纳入投注或举措的待办列表中。这样做的目的是保持一个小规模的、健康的、经过充分审查的想法待办列表。这些想法一旦被释放出来，即可用于工作。

5.4.3　优先级排序的挑战

对长期运作的交付团队来说，除了新工作之外，举措待办列表⊖必须包括持续性（中断－修复）和技术债项目。这些项目的来源因组织而异，常见的来源包括服务台、事故记录系统和现场支持。投资组合所有者有责任（在 VRT 的帮助下）确保所有潜在工作的来源都被整合到一个需要考虑的综合待办列表中，不能在系统中留"后门"。所有这些类型的工作都使用与新想法相同的排名框架进行优先级排序。

一旦建立了 LVT 和 MoS 并且优先级排序机制到位，工作的接收就变得简单了。由于最高优先级的项目总是位于待办列表的顶部，因此一旦有带宽就可以进行新的工作。

糟糕的优先级排序

在与一家电信组织的合作期间，我们发现该组织因为在开启新工作时对制品数量不做任何限制而声名狼藉。他们只是机械地可视化所有进行中的工作，却从来不考虑新加入工作的优先级。当同一个团队同时处理一系列同等重要的优先事项并向多个利益相关者承诺时，就会导致为数众多的待办列表。

当我们开始将嵌入行为准则和思维模式转变为对所有潜在工作进

⊖　关于代办列表的更多细节，请参见第 7 章。

> 行优先级排序时,组织就可以轻松地针对优先事项提出尖锐的问题。例如,在冲刺计划中,一个产品经理引入了一项需要立即关注的新工作。一位开发人员指着墙上的 LVT 问道:"这项新工作如何与我们的目标保持一致?"它在过去没有保持一致。而且这项工作已经在团队的待办列表中被排定了优先级顺序,以备将来可能的审查。

5.5 结语

以本章所述的方式进行优先级排序往往与大型组织的文化背道而驰,因为大型组织通常希望估算流程可以提供优先级排序的精确性。能让面临复杂而昂贵的投资对比的决策者稍感安慰的是,成本/收益分析得出了 ROI 预测。

根据我们的经验,大多数组织只擅长在自身具有丰富经验的领域进行预测——能够利用自己积累的数据和流程的一致性来创建准确的统计预测。

不幸的是,当你在一个高度动态和竞争激烈的市场中寻找客户价值时,很难找到类似的经验可供借鉴。你是在开拓——在寻找新的价值来源和通向目的地的道路。如果采用严重依赖数据的估算方法来驱动优先级排序流程,那么在试图收集所需的数据时,整个流程可能会被拖慢;当你试图优化结果时,价值流将不断发生变化。这两个因素的共同作用,会使统计估算上的尝试徒劳无功。

此外,我们还提出了一种强调速度而不是精确性的优先级排序方法。速度能让你尽快进入学习阶段,而不是停留在"分析瘫痪"阶段。本章描述的相对价值评分方法依赖于团队的集体智慧,以此来权衡你所拥有的数据、团队在该领域的经验以及在尝试辨别投资组合中价值和付出的相对差异时其自身的价值创造能力。团队成员无法确切地告诉你从一项特定的投资中能获得多少价值,但是他们可以告诉你,你是否有可能从一项特定的投资中获得最大的价值。

将这种方法应用于优先级排序需要 EDGE 的各部分就绪：具有深厚领域知识并有机会优化其工作方式以保持一致的长期团队。传统的程序/项目运作模式缺少让这种方法成功的几个关键要素。例如，在传统的基于项目的运营模式中，团队往往是短寿的，并根据可用性分配工作。因为经常更改工作领域，所以他们没有机会深入了解自己的工作领域；因为团队成员经常变动，所以他们也没有机会优化工作流程。在 EDGE 中，我们主张这些团队在较长时间内专注于某一特定领域⊖。这使得团队成员有机会深入了解在该领域创造价值的因素，并有机会优化他们的工作方式，使其变得更加一致。

如你所见，这种方法在很大程度上依赖于系统中的人员。这需要对他们的学习进行投资，并在文化中培养信任。对于一些组织来说，这可能是一项重大的任务，但我们相信，这将产生可观的投资回报。

⊖ 请参阅第 9 章。

第 6 章 Chapter 6

建立产品思维模式

客户可以通过产品获取价值。想要把初期的创意转变成一款不会落伍的创新产品,我们需要具备产品思维。因为只有产品思维才会不断强调:产品时刻都应该为客户带来价值,无论是此时的价值还是未来的价值。

产品人员鼓励团队随时间推移持续性地为产品寻找价值——因为这种不断权衡的行为可以促使团队成员做出正确的决定。对价值的持续性思考有助于将当前和未来的投资进行优先级排序。这就意味着你希望产品的版本 5 可以和版本 1 一样快速高效。同时,产品思维也必须具备适应性与响应能力,通过快速反馈来检验假设是否成立,正如本章描述的通过快速反馈来检验假设是否成立的例证。

EDGE 是一种运营模式,可以帮助组织中所有的部门从只聚焦功能转向关注解决客户问题,从输出驱动转向价值(成效)驱动。为了使组织实现投资过程中所重视的价值,交付团队需要具备承接战略方向的能力(来自精益价值树)并阐明他们打算如何为客户交付价值,然后为"假设与学习法"清晰地定义成功的度量标准。并以此为基准,在未来产品发展时不断给出决策。

观念上的转变也十分重要，你必须理解没有人能够准确地预测什么会在市场中取得成功。因此，想要对正确的方向进行投资与实践，使用"测试与学习"试验方法至关重要。这种试验方法假设在当今市场中所有还不存在的想法均是未被证明的（即使竞争对手已经对这个想法加以证明，也并不意味着同样的想法在你的组织内能够取得成功），因此需要假设一些与之相关的价值。这些假设是团队将想法切分后进行增量测试与市场验证的基础。将整个产品切分为多个假设框架的一个好处是，这种方法可以在交付工作的人员（交付团队）和负责最终实现业务收益的领导者（投资组合所有者和利益相关者）之间进行渐进式决策和内部反馈。

6.1 从项目转变为产品

为了实现产品思维，必须从传统的项目型交付方式转变为产品型研发，如图6-1所示。项目和产品之间最主要的区别在于产品拥有客户和预期价值。产品的这种属性会使交付团队专注于他们所需交付的价值上。

项目思维	产品思维
临时团队	长期团队
一次性开发的心态	测试和学习的心态
最终的客户反馈	贯穿整个产品时期的客户反馈
一次性上线	持续性上线
成功与否取决于有限时间和预算内的交付范围	成功与否取决于客户满意度和创造的价值
范围由利益相关者决定	通过学习验证结果与客户反馈，与利益相关者一起制定范围准则

图6-1 项目思维与产品思维

项目通常是在一定时间范围内需要实现的功能集合。为了在规定时间内交付所有功能，项目中的团队通常都是临时组建的。当完成工作后，团队也将解散。而这样的流程会限制团队思考如何可以为客户带来最大的价值。第一，项目的临时性会导致利益相关者在有限的时间与预算下，想要一些非必要的功能（称为"功能膨胀"）。第二，这种临时的项目心态容易假定市场环境不会发生改变或演进，项目一旦完成，也就无须再继续投资。尽管有些功能仍需等待客户验证，但团队急于完成功能列表，由此导致错过产品改进与发展的机会，最终造成工作量上的浪费。第三，利益相关团队既需要对实现价值负责，又需要将功能列表传递给交付团队。利益相关者对所要交付的功能列表充满急迫感与期待感，而交付团队往往对这些功能背后的原因与假设一无所知，从而导致最终在时间有限的交付过程中忽视了从客户的视角进行思考的过程。

产品却与之相反，无论是对产品进行创新性扩展还是仅进行支持性维护，产品都是属于各个交付团队的。实现产品的预期价值以及其中相应的细节都由交付团队负责。利益相关者只需负责阐明心中所期望的价值即可，团队将自行探索潜在的解决方案。产品的交付团队也不会解散（不会以项目中交付团队的方式聚合与解散），而是在产品的整个生命周期中一直都待在一起，直到组织决定重新找寻投资方向或终止此产品为止。这些具备能力的团队必须制定优先级，这将会影响产品当前的情况和未来的方向。他们也负责整个产品端到端的客户体验，从新客户签约到老客户离去。这种观点代表了整个组织思维的重要转变，将会激发创造团队的自治能力与对端到端客户体验的责任心。

尽管组织结构与设计对这种模式转换也具有很重要的影响，但本章将聚焦产品思维在提供价值驱动的投资组合中的重要性。

唤醒沉睡的棕熊

我们曾与一家医疗保健组织合作，为其制定增强客户黏性的方法和产品合理化的战略。

多年以来，该组织内的团队被划分为对现有产品的"支持和维护"

和对新产品的"创新"两部分。随着需要支持和维护的功能数量的增长，支持和维护团队的规模和复杂性也在增长。创新团队根据投资收益的多少对新产品上市进行扩张和收缩。新产品创新团队最常见的抱怨之一是，他们在将一个未达到最佳标准的产品移交给支持和维护团队之前，从未超出过交付最小可行产品（MVP）的范围。而支持和维护团队中却积压了大量的客户功能需求，以至于客户经常抱怨，要等两年多才能看到产品的基本改进。

此外，两个团队之间的协作也很困难，因为知识传递的效率很低，这使得最初的产品支持对客户来说十分困难。

随着时间的推移，关于现有产品客户使用量的数据非常有限。因此，产品合理化几乎是不可能的。随着产品在生命周期中趋于成熟，组织将会经历遗留产品价值收益递减的状况。该组织不知道有多少活跃客户仍在使用这些产品。而且，他们无法与这些客户取得联系，因为这可能会让客户意识到他们正在为一个并没有使用的产品付费！这种困境被称为"唤醒沉睡的棕熊"，这是我们在尚未从交付项目思维转变为产品思维（尤其是基于订阅的业务模式）的组织中观察到的一个常见问题。

6.2 组织中的产品人员

在当今竞争异常激烈的市场中，组织面临着加快交付速度的压力，产品人员的角色变得越来越重要。我们期望，产品可以成为实现客户价值与业务收益之间的连接点。而这个角色也将成为投资所有者与团队之间的黏合剂，投资者给出假设，团队负责在向客户交付价值的过程中验证这些假设。

重要的产品技能

无论在广度还是深度上，人们对产品人员具备技能的期望都在增长，以至于对一个人来说，这些技能实在是太多了！与职位名称相比，稍后列出的产品技能更能代表产品思维。拥有产品思维的人可以担任各种各样的职位——产品经理、产品所有者、产品战略师等。而事实上，一些优秀的产品思想家的职位中根本没有"产品"这个词。因此，最关键的是要少在意这些人的职位，更多地关注他们是否有能力实现价值的对齐和传递。在本节中，我们将探讨定义和交付客户价值所需的最重要的产品技能。

- 愿景的创造者和拥护者。产品人员与利益相关者密切合作，深入了解业务方向，并为产品制定愿景，探寻如何使产品可以帮助组织实施战略。
- 对齐组织愿景和方向。产品人员需要使交付团队的目标与组织的目标保持一致。交付团队往往很容易忽略他们为什么要构建一些东西。产品人员与投资团队一起定义组织目标并将此目标与正在构建的产品保持一致，可以保证团队始终处于交付价值的轨道上。
- 充当教练而不是守门员。应该充分授权给一个自给自足的团队（参见第 9 章），让他们以团队的形式做出自己的决策，同时就出现的问题提出自己独特的见解。有效的产品领导力不是控制或告诉团队要完成什么。相反，它应该允许考虑个人独特的观点，并以不同的方式解决问题。团队需要得到鼓舞，产品人员必须充当团队教练的角色，带领整个团队获得成功。
- 维护客户利益。产品人员相信价值主张，因为它会提供客户喜欢的东西（他们有责任为客户定义价值）。他们理解用户的痛点和喜好，并利用这些理解做出明智的、前瞻性的决定。如果产品人员不了解客户的需求，他们就无法出色地协调产品交付，也无法成功地使利益相关者和投资所有者就产品投资的价值达成一致。
- 流程的维护者和产品思维的传播者。产品思维也包含如何使用成功的度量标准（MoS）作为指导，帮助团队做出关注价值的合理决策。良好的流程可以激励团队创造性地思考和行动，而不是一味地强调产出和功能的交付——虽然它们都可以度量团队活动，但并不总是转化成价值。在整个产品开发过程中，随着假设逐渐得到验证，产品人员需要计划何时应该引入数据进行定期价值评审（Periodic Value Review），从而有效地寻求额外的资金支持，或者提出终止或再次验证某个产品创意的建议。

❏ 为产品设定方向，而不仅仅是眼前的 MVP。产品人员促进组织理解当前投资的重点和承诺的价值，同时阐明产品的未来需求和价值假设。产品人员负责通过使用信息、数据和洞见来定义 MVP。同时，产品人员需要不断地验证 MVP 的假设，并与投资组合团队及交付团队分享验证的结果，在设置产品未来方向的同时平衡战术上的临时需求。

❏ 将客户所需转化为需求，帮助建立产品待办列表。将需求进行定义和拆分，以便在更细粒度的级别上对工作进行优先级排序，这是交付价值中一项重要的技能。在某些情况下，团队会选择具有较低价值的事项进行开发，而此时，产品人员有责任帮助团队决定哪些组件具有更高价值，哪怕是聚焦于最细粒度的级别。这样开发的工作量就不会浪费在那些客户仅持有中立态度的低价值事项上。例如，如果正在构建一个用于展示数据的客户仪表台（用户界面），那么可以考虑对数据进行排序、筛选、搜索和生成报告等功能。如果其中排序这一功能具有最高价值，那么产品人员就有责任首先定义并确定其优先级，并建议团队在收集到更多客户反馈之后再开发其他功能。

6.3　产品和投资组合团队之间的协作

一些组织想要通过改进投资组合团队和交付团队之间工作方式，使所交付的客户价值最大化。这两个团队之间的交互方式是组织中很重要的事情，却经常被忽视。投资组合所有者和交付团队之间必须存在反馈循环，投资组合所有者对潜在的价值进行假设，交付团队则负责交付这些价值。这是一种与传统方法不同的工作方式，因为这不需要利益相关团队提供功能（或解决方案）列表，而是授权团队解决客户的问题或需求，并提出经过客户验证的解决方案。

为了达成这种新型的工作方式，产品人员成了这个难题的关键部分。当他们无法理解产品思维时，整个组织就会陷入困顿。因为团队将与客户所提出的问题或所预期的价值产生脱节，导致客户对产品具有较低的接受度，而产品也仅能从投资中获得较低的价值。

在传统的瀑布式组织中，工作之间的合作十分明确，因为工作以产品创意、预设解决方案和固定的功能列表的形式下放到团队之中。随着一些组织转变成更加自治的团队并开始敏捷实践，高管所期望达成的客户价值和具体交付工作之间的联系可能会丢失。自治团队在很大程度上依赖产品作为"黏合剂"（因为它将不同的观点聚集在一起），并利用它与投资组合团队及客户保持一致的期望。如在第 8 章中所描述的，EDGE 提供了一个框架，用于弥合预期价值和实现价值之间的差距。

6.4 定义产品与精益价值树之间的联系

本节重点讨论如何将工作从精益价值树（LVT）进一步分解为产品蓝图，随后讨论如何将产品蓝图关联至敏捷产品的待办列表。而这些框架（参见图 6-2 和图 6-3）则是建立流程的基础，同时可以将领导的战略目标同步至为客户交付价值的执行团队中。

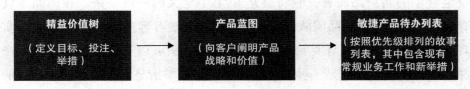

图 6-2　在战略和执行之间建立流程和一致性：从 LVT 到产品蓝图再到敏捷产品的待办列表

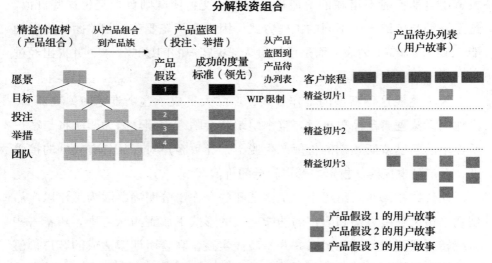

图 6-3　将工作从投资组合分解至产品蓝图中的投注和举措，再分解至敏捷产品待办列表

产品是如何从 LVT 中推导出来的

在 LVT 中，并不是所有投注和举措都是从有明确定义的产品开始的。当第一次定义一个投注或举措时，它会带有许多有关预期价值的假设。本节描述了一个产品在 LVT 中两种可能的存在方式：一种是当前还不存在的新产品（例如，LVT 中的一项举措），另一种是针对现有产品进行增强优化而衍生出的产品。

举措和产品

并不是所有的举措都是产品。对于还不存在于当前组织提供的产品投资组合中的新产品而言，它将会是 LVT 中定义的一项举措。在产品本就存在时（同时指派产品团队积极支持产品中的现有客户），举措被定义为实现投注的潜在方法（详见第 4 章）。该实现方法可以是业务举措、技术产品或一种服务。投注是一种对价值的假设，而举措是众多检验这些假设的方法之一。提出假设有助于将开发工作集中在最重要的问题上，以便尽早回答。

例如，一家零售组织定义了如下投注：

投注：在我需要时，我可以在任何地方买到最好的服装。

为了帮助客户实现这个投注，我们提出以下两个举措：

- ❏ 举措1：赋予员工最大的购买力。目前，审批业务流程冗长且烦琐，导致员工选购市场中最好服装的购买力不佳。这一举措是将业务流程再造（而不是产品），旨在简化审批所需的步骤。
- ❏ 举措2：为员工提供最好的工具，帮助他们发现和采购最好的服装。目前，用于定位服装的系统中包含很多不同的子系统，这些分散的子系统无法显示最优的服装搭配。这一举措旨在开发一款产品，以优化采购团队（即产品的客户/用户）在服装采购时的整体体验。

下面将重点讨论举措即为产品的场景。

投注和产品

一个精心设计的投注（带有明确的成功的度量标准）可以激发出许多产品创意。而在启动一个新产品时，我们发现与投注负责人、产品人员、利益相关者以及被分配到该举措的交付团队开展一次探索研讨会，将对新产品启动非常有益。

探索研讨会的目标是对投注以及如何通过产品实现投注达成一致的理解，并共同为团队创造前进的道路。探索研讨会标志着被分配到举措团队的交付团队和投资组合团队之间开始建立关系并进行第一次对话。而随着产品在生命周期中的发展，定期价值评审会（参见第8章）则是发生这种对话的常规节奏。

探索研讨会应包括以下事项：

- ❏ 目标、投注和举措的基本原理。
- ❏ 可证明具有市场机会的证据。
- ❏ 前景/竞品分析。
- ❏ 财务预测。
- ❏ 组织分析（例如优势、劣势、品牌因素）。

- 验证可能改变产品方向的基本假设（通过研究、数据、定量或定性反馈）。
- 构思潜在的想法和达到成效的方案。
- 可用于未来验证的假设识别。
- 定义成功的度量标准。

将投注分解成产品

投注的结果将决定产品的定义。由于投注仅源于对价值的假设，并为目标实现选定了可选方向，因此投注不应指定产品的解决方案。相反，它应该描述实现目标的预期方法。在本书金融服务示例中，其中一个重要的战略目标如下：

目标：以市场份额为度量标准，成为退休解决方案的市场领导者。

该公司认为有两个可能的投注可以实现此目标：

- 投注1：通过获得所有客户在银行和理财领域的业务，来提高市场份额。该公司认为，这种投注有可能帮助它实现这一目标。因为数据显示，该银行在婴儿潮一代客户中的市场份额较低，而婴儿潮一代客户往往在一家金融机构同时持有金融和理财产品。反观银行现有的客户却依然持有其他金融机构的产品。
- 投注2：针对婴儿潮一代客户，在他们的整个退休过程中给予帮助。该公司认为这个投注可以帮助它实现目标，因为初步的定性研究表明，在产品的生命周期中，这部分客户的需求正在发生快速的变化。与前几代人相比，婴儿潮一代正在"重新定义退休年龄"，因此，这一细分市场具有与以往不同的独特品质。婴儿潮一代不希望按照上一代人（例如，他们的父母）来定义他们的退休时光（类似65岁就停止工作，之前尽可能少花钱，以此确保有足够的金钱安度晚年）。相反，婴儿潮一代正在重返学校，改变职业，进入兼职咨询行业。他们向朋友和有相似人生经历的人寻求建议。市场上当前的产品以及现有的财务建议模型都旨在迎合了上一代人的需求——

造成了人们对疾病和金钱匮乏的恐惧——而不是关注退休人员如何通过可靠的财务计划来实现其所需，从而支持他们拥有更长的退休时光。

从这些投注的定义来看，探索研讨会着重于跨职能团队的创意练习，以提出符合价值的潜在产品假设。结果如图 6-4 和图 6-5 所示。

愿景	成为最值得信赖的投资解决方案提供商
目标	成为退休解决方案的市场领导者
投注1	帮助婴儿潮一代度过整个退休时光
举措	提供针对婴儿潮一代的不同理财建议模型（产品）
产品假设	我们相信，通过为早期退休人员（退休5~7年）提供低成本的建议，我们可以帮助他们更好地实现其退休目标。我们将通过引入专业顾问来验证这一想法，该专业顾问并不会被冠以"退休顾问"的标签，而是专门从事有关退休方面的咨询。

图 6-4　LVT 中的产品示例（为简单起见，省略了度量标准和指标）

愿景	成为最值得信赖的投资解决方案提供商
目标	成为退休解决方案的市场领导者
投注2	获得所有客户的业务（银行和理财）
举措	综合银行服务和401（k）计划（假设金融产品保持不变）
产品假设	假设1（第一个验证） 我们相信，通过在同一处看到401（k）计划和银行产品的余额，我们将对401（k）投资有更多的了解（减少陌生感），我们将通过对原型的反馈来进行度量。 假设2（第二个验证） 我们相信，提供401（k）在线展期服务，可以将401（k）投资合并，我们将通过在认证银行页面添加一个注册按钮并跟踪注册数量来进行度量。

图 6-5　LVT 中的消费者平台和产品示例（为简单起见，省略了度量标准和指标）

6.5 定义产品

在敏捷社区中有一个广泛流传的"神话",那就是如果我们是"敏捷的",我们就不需要预先制定计划。从概念上讲,大量的前期计划会产生浪费(正如传统的瀑布式工作中所体现的那样)。但即便如此,对未来进行展望也可以降低做出错误决策的概率或在非自己所愿的方向上走得太远的风险。与其说产品蓝图是一份有关产品的详细计划或定义,不如说它是一张指导团队前进的高级地图,但它不是一个可以指导人们"如何到达那里"的详细分步计划。

明确在产品中有"多少"需要被定义清楚是必要的,但也十分困难。以下是一些指南,帮助你确定当下是否可以向前迈进:

- ❑ 是否已经确定了关键假设(如果这些假设都不成立,则会导致产品方向的改变)?而当你知道这些假设需要被验证的时候,又是否愿意继续前进?
- ❑ 利益相关者小组和交付团队之间是否对重要的假设已经有过良好的沟通和可视化,并对其有所理解?
- ❑ 是否了解验证每个假设所需要的条件,包括时间安排、后续影响和在方向上可能存在的变化?
- ❑ 是否传达了适当的风险和依赖性?
- ❑ 考虑对计划进行时间盒限制,以避免在一个具体的方向上走得太远。

6.5.1 产品蓝图的核心要素

虽然产品蓝图传达的信息可能会因为产品的类型及其在生命周期中所处的位置而有所不同。但产品蓝图至少应该明确阐明以下元素。

与 LVT 中组织的目标保持一致

清楚地说明为什么这对组织很重要,并明确与 LVT 之间的对应关系。更应该清楚地说明该产品如何能够适应组织中广泛的业务和技术环境。

电梯演讲

电梯演讲简要概述该产品解决了哪些问题以及如何在市场中创造价值。

度量成功的关键指标

产品蓝图应该包含描述产品成功的客户指标（例如，新客户注册数、活跃客户评论数），以及从该举措里可以获得的预期业务收益（例如，税收收入）。明确市场或组织内迫切需要投资此产品的关键驱动因素。解释为什么现在应该进行投资，以及为什么组织在面对这一市场机会时具有独特的优势。

已被验证或尚待验证的假设

假设是指那些已被验证或尚待验证的产品设想。我们最好记录下在不同时间节点上所做出的关键性产品决策、已被验证或尚待验证的内容，以及从中获得的重大经验教训。在这种情况下，将客户研究与测试反馈共享，有助于人们理解为什么要做出那些关键决策，并建立对客户的同理心。

> 我们总是猜测什么对用户来说是好的，但我们大多数时候都是错的。无论你有多聪明，但你总是错的。
>
> ——Adam Pisoni，Yammer 公司 CTO

目标客户及其需求

通常，一个产品的客户群不是单一的。产品蓝图描述了这些客户是谁以及他们为什么需要这个产品。其还应该描述未来会存在哪些客户群以及谁最有可能是早期的使用者。

客户目标

客户目标即预期的客户效果。客户目标包含了完成目标所需的一系列步骤。例如，如果你正在开发的产品是谷歌地图，那么你可能会有以下客户目标：

- ❏ 找出从 A 到 B 的最佳驾驶路线。
- ❏ 找出从 A 到 B 乘坐公共交通工具的最佳路线。

❑ 找到附近的餐厅。

客户旅程

客户旅程描述了端到端的客户体验。我们之所以运用客户旅程地图而不是功能列表，是因为客户旅程地图超出了数字产品的限制，还具体描述了客户的背景、客户使用产品的方式、完成目标所需要的额外产品和服务以及与其他体验者之间产生的交互。

当我们将带有价值的精益切片（thin slice）优先考虑发布给客户时，客户旅程也起着至关重要的作用。通常，我们将敏捷用户故事（需求）与客户旅程地图相对应，从而理解这些需求是如何帮助客户完成这段旅程的。

实现产品愿景的原型

原型可以是任何东西：可能是白板上的草图，可能是串联客户体验的数字模型，也可能是一个产品的雏形。创建原型的目的是：花费尽可能少的时间和精力，通过用户测试来证明或推翻一个假设。原型不仅汇集了产品的愿景，并且有助于激励人们对产品提出更多的设想。这在产品早期定义概念的阶段非常有用，同时，原型也有助于帮助我们描述产品中那些尚未构建的未来增强功能。

有许多类型的原型可以帮助我们实现产品愿景。以下列举一些有效并且成本较低的原型：一个产品的页面网站、一次产品包装盒测试、一个可供用户进行交互的物理原型（可以由泡沫和彩泥制成），或者用户在故事板上描绘的旅程草图。如果想要了解更多有关原型制作和用户反馈的知识，可以阅读以下书籍：

❑ Marc Stickdorn 等著的 *This Is Service Design Methods*。
❑ Linda Luu 著的 *The Lean Product Guide*。
❑ Dan Olsen 著的 *The Lean Product Playbook*。

竞争优势

竞争优势是指组织从产品投资中将获得的竞争优势。它包括对当前竞争对手状况的表述，以及随着该产品投放市场它将如何发生变化。

客户使用计划

客户使用计划包括确定成为产品早期使用者的客户,以及同意参与测试反馈或试点版本的客户名单。

6.5.2 什么是产品蓝图

本节将阐述什么是产品蓝图,而什么不是。

产品蓝图是一种交流工具

产品蓝图是一种可以用于沟通的工具,可以帮助组织内部协调并就产品未来的发展方向达成共识。以下概述了不同使用者在理解产品蓝图信息时所需达成的不同目标:

- 利益相关者:用于思考未来应如何投资产品才能实现战略目标。
- 价值实现团队:用于实现宏观层面的资源规划、投资分配和管理活动变更。
- 产品团队:用于管理依赖关系、排序、发布计划、技术决策和一些架构性思考。
- 产品所有者:用于分享产品决策、已验证的产品假设以及一些关于产品的未来设想。
- 投资组合所有者:用于根据相对价值对投资进行优先级排序。
- 销售团队:用于管理客户关系,特别是在 B2B 产品中,因为其中产品未来的发布版本是合同续签的重要谈判工具。
- 客户研究团队:用于协助规划不同类型的研究和客户招募。
- 人力资源团队:用于能力投资,并解决短期内招聘和选拔的缺口。

它不是一个详细的计划、敏捷产品的待办列表或产品路线图

敏捷产品的待办列表是交付团队需要处理的所有需求的优先级列表,通常将这些需求分解成小块,称为用户故事。这样的待办列表可以帮助交付团队管理和沟通所有待完成的工作,并且以客户始终可用的方式逐渐地实现价值。但当投资组合团队和利益相关者使用敏捷产品待办列表作为沟通工具时，其问题在于，他们无法描述你为客户创造的引人入胜的体验，以及激发客户购买或持续付款的独特的产品价值主张。

　　Linda 曾指导一个产品团队，这个团队已经实践敏捷开发一年多了。他们定义了故事，将其按优先级划分，每两周为一个迭代，并通过项目追踪软件 Jira 建立对任何人都可视的产品待办列表，即使你在异地工作也可以对其进行访问。但尽管如此，CEO 和产品所有者依然经常对未来产品的方向产生分歧。为什么会这样呢？就是因为该团队使用了详细的产品待办列表作为讨论的基础。产品待办列表的颗粒度通常是特性/故事级别，主要用于帮助团队调整并确定近期工作的优先级。但是他们并没有很好地建立审视这些工作背后原因的视角。因此，产品待办列表并不适合组织高管或利益相关者，而投注列表则更适合。

　　"产品蓝图"也不是"产品路线图"的另一个名称。产品路线图帮助人们建立一系列含有时间期限的功能。但这种按优先顺序排序的列表并不比功能列表更好：它依然不能向客户和企业传达产品的价值。

产品蓝图永远都不是静态的

　　根据我们的经验，产品蓝图一旦发布就可能被更改。作为一种交流工具，它应该可以随时吸纳反馈并不断演进。产品蓝图应该是一个活文档，理想情况下应该将其展示在产品团队工作空间附近的一面墙上，并将描述写在可移动的卡片上。这种方法使人们可以在墙边进行交谈，提出一些可行的新想法，并就此与产品蓝图的使用者或制作者一起交流讨论。产品所有者不仅需要最终负责管理和维护产品蓝图，还需要负责改进产品愿景和优先级，从具有不同需求的利益相关者群体中获得反馈，并始终专注于该产品所提供的最终价值。

产品蓝图不应成为追究产品团队责任的机制

　　面对产品蓝图，尽管我们提议，相较于近期的产品规划，应该避免为模糊的远期规划加上时间期限，但有时这是组织制定规划时必需的。产品团队不应为蓝图中的日期负责，相反，团队应该将这些时间节点作为指导方针，以在宣布发布计划时更好地表明客户将会在何时收到更新版本。团队应该负责为客户提供价值，正如本书中有关度量标准的部分所描述的那样（参见第 5 章）。

6.5.3 可视化和可交流的产品蓝图

有许多方法可以将产品蓝图可视化并清晰地表达出其中的信息。就格式而言，PowerPoint 演示文稿、物理原型、线框图原型和用户故事板都是比较有效的可视化工具。

产品的类型、愿景、受众、沟通习惯和地理位置都可能影响可视化的最佳效果。我们鼓励团队通过不同的尝试来发现最合适的方法。

我们还发现定期（通常是两周一次或每月一次）展示产品蓝图会大有帮助。展示时可以邀请利益相关者和近期不在交付团队中的人员参加，以帮助他们完成一次非正式的有关产品流程、关键决策制定和客户反馈的走查。走查的结果将用于制定决策、邀请快速反馈，更鼓励成员对未来产品优先级排序提出新想法。它还有助于在产品开发过程中减少意外情况的发生。

6.6 创建敏捷产品待办列表

本节将讨论如何将 LVT 从产品进一步分解至敏捷产品的待办列表，从而使交付团队可以开始实施并验证之后的假设。将产品进一步分解为待办列表的主要好处之一是，它能够使团队依据客户的价值划分优先级，并且不用计划得太远。团队也可以从客户、内部利益相关者和投资组合团队中征求更多的增量反馈。这种增量式的交付可以使组织更早地实现价值，因为客户从一开始就可以使用数据进行决策，而不必等待一个"全功能"的仪表台。因此，组织可以在初始时通过较为低价的投资尽早获益（例如，销售额的增加或转化率的提升）。这种产品开发可以实现自我融资，随着投资回报率的提升，对该产品的额外投资也将逐步增加。

6.6.1 为什么 MVP 只是一个开始

> 最小可行的产品是指你能为客户提供价值的最小产物（而作为回报，也可以从 MVP 中获取一些价值）。
>
> ——Ash Maurya

我们在指导团队时，经常看到团队就产品 MVP "长什么样子"进行长时间的辩论。其中最大的问题就是定义 MVP 的可行性——通常需要在商业上可行。而在定义 MVP 的时候，待验证的假设往往多于已被验证的假设。因此，花费大量的时间提早定义产品的可行性通常都是一种浪费。

团队在尝试定义 MVP 时遇到的最大陷阱是功能膨胀（产品功能，例如打印报告）和想要覆盖产品中每一种边缘场景的诱惑（例如，保存报告、修改报告、分享报告等功能），而不是始终思考是否满足了客户的最小价值（该报告是否真的有用？），尽管这些将帮助我们验证产品中那些重要的假设。团队落入这些陷阱通常是由于其相信了以下有关 MVP 的不实之说：

- 我们不能发布一款不完整的产品，因为客户会感到困惑，而我们也将失去声誉，品牌也会受到玷污。因此，在发布内容之前，MVP 中应该包含所有的功能。
- 在 MVP 上线后，组织将停止为其提供资金，团队也会在庆功之后转身寻找下一个可能成功的产品。因此，我们需要在 MVP 中尽可能多地塞入功能，因为我们只有这一次机会。
- 我们只是在做"胖 MVP"，所以可以比"最小的产物"添加稍多的东西。
- 我们的客户不理解 MVP 的概念，所以我们必须发布"更让人震撼"的版本。
- 培训员工花费的时间太长了，所以我们最好一次性发布以使其"完整"。
- 我们需要进行大量的定量测试才能确定这是否有效。

将产品切分成一系列对客户有价值的小块，并控制它们都小于 MVP，随后采用快速测试 – 学习的方法（包含明确的成功度量标准），便可以避免以上所担忧的问题。这是因为投资组合团队可以了解产品、从早期就开始获取经验，这样可以帮助他们更好地决定对未来产品的投资。同样，当交付团队采用迭代的方式"引入"客户时，团队也将为此信心满满，因为他们知道自己正朝着正确的方向前进。接下来将会介绍这种精益切片的方法。

6.6.2 精益切片：MVP 的另一种划分方法

使用 MVP 的另一种方法是将工作划分为具有价值的精益切片。一个精益切片通常小于 MVP 的定义（MVP 中包含许多精益切片），它可以作为产品的早期试点发布给客户。对产品精益切片的优先考虑可以最大限度地促进团队从反馈中学习。精益切片通常被视作一种假设，可以将精益切片定义得像仅有前端的原型那样小，由此获得相关反馈。精益切片还可以是一些基本数据的可视化，由此帮助验证内含大量数据的产品：哪些数据的哪种可视化对用户是最有用的。其中的学习是重点，根据学习的结果，产品可能会朝着不同的方向发展。

精益切片是由故事（更细粒度的功能分解）组成的，并与客户旅程相互对应。将整个客户旅程与这些故事相对应，是为了确保可以先将一组故事（精益切片）发布给一部分客户，以此获得早期的客户反馈（参见图 6-6）。但它并不与功能相互对应，因为功能通常可以被进一步分解（分解为用户故事），分解后可以使得精益切片更薄，更有助于排列测试的优先级。

精益切片可以帮助团队从最小的学习机会入手，经过不断地假设验证，获得可行的产品。通常的做法是在发布 MVP 之前定义多个版本（参见图 6-6）。但一般来说，在 MVP 可用之前，我们就可以发布多个精益切片，以便从试点客户那里获取早期反馈。这样的方式更加鼓励小型的增量式交付。通过发布更小更薄的切片，可以学到更多的东西。除了收到重要的客户反馈外，组织内部的反馈也有助于建立一个持续学习的团队。一些组织改进和学习的示例如下：

- ❏ 我们可以缩短从定义功能到将其交付给客户的时间吗？
- ❏ 我们在生产的道路上有哪些障碍？
- ❏ 我们可以通过配置交付的基础设施达到高频发布吗？
- ❏ 我们是否可以从第一天开始就获取真实的客户数据？
- ❏ 我们有一个稳定的客户测试环境吗？
- ❏ 我们是否定义了试点客户？招募他们所需的准备时间有多长？需要设定哪些沟通形式和预期？

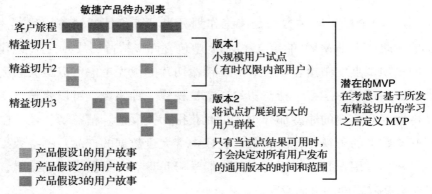

图 6-6　在客户旅程中将产品精益切片切分成多个版本

精益切片通常是全功能团队在产品定义之初时就完成的一项活动，但也会在产品构建和发布期间逐步进行增量修改。通常，每两个月发布一次是一个比较好的节奏。经验丰富的团队需要安排会议对切分好的精益切片进行审查，有时每两周进行一次，每次 15 分钟。审查精益切片的会议有如下目标：

- ❏ 在众多利益相关者群体（例如，产品、分销、营销、财务群体）中，成员对第一个版本（以及后续版本）的意见达成一致。
- ❏ 明确即将被验证的假设，因为这些假设可能会导致产品方向的转变。
- ❏ 将产品端到端的精益切片尽早发布给小部分试点客户寻求反馈，以此减小产品创意中的不确定性。

精益切片首先要理解端到端的客户旅程、定义清晰的客户目标并将旅程中的每一步都与结果或功能相对应，然后相对优先地划分出可以发布给客户进行验证和反馈的精益切片。这可以在敏捷交付中建立"构建、度量、学习"的循环。在产品最初的几个精益切片中，反馈应该集中验证问题与解决方案的契合度，并定义产品中需要构建的下一个精益切片。当大量客户提供使用反馈时，可以开始使用 A／B 测试和客户分析等方法，通过定量的数据来确定下一个精益切片是什么。

精益切片定义的示例

（继续之前医疗保健分配的案例）

我们曾为一家医疗保健组织工作，该组织希望可以用新产品替换现有产品，因为新产品能够匹配成千上万行的产品代码，识别出性价比最高的产品组合。我们有一个假设，即一台机器（通过模糊匹配）可以胜过目前的人工手动操作。

交付的第一个精益切片包含手动运行算法，通过一个基础前端将旧方法与新方法的结果进行比较。如果算法不成功（即证明假设是错误的），团队就会改变方向，转而专注于通过改进可视化的形式提高人工分拣产品的识别度。通过第三个精益切片识别出一些对学习不是很重要的附加功能，例如共享输出、过滤和排序的功能。我们在第一个精益切片中了解到，其中对数据进行过滤和排序的功能在实现用户预期中至关重要，因此我们将调整待办列表中的优先级，将一些价值较高的交互的顺序提前。

产品 MVP 切片定义

初始产品 MVP 假设：

❏ 我们相信医院使用自动化技术进行库存数据匹配
❏ 将会导致大大降低购买与消费产品的成本
❏ 我们将通过比较 3 家医院和 10 个市场购物篮的实际储蓄来验证

如果证明了这个假设是正确的，该产品就已经满足适合这 3 家医院（独特的客户群和数据需求）的解决方案，我们就将继续为更多的医院投资这款产品。

第一个精益切片定义

第一个精益切片假设：

- 我们相信可以改善医院库存数据的匹配方式
- 将会导致在不降低质量的前提下生产出低成本的产品
- 我们将通过对数据子集运行半自动匹配（不使用机器学习），并找出在质量和用途上"相似"的产品，相互比较所节省的费用来验证

在进行试验时，团队将试验进一步细化为以下内容：

- 我们相信通过我们自定义的算法，可以匹配 1 家试点医院中的 10 000 行产品代码
- 将会导致节省 1～2 小时的时间，并提高 10%～20% 的匹配度
- 我们将通过比较新旧产品匹配所需的时间和准确性来度量

第二个精益切片定义（假设第一个精益切片成功）

实施算法并将其整合到新产品中。包括改进的可以支持异常处理的数据可视化。

（在定义精益切片的时候，由于第二个及其之后的精益切片还只是占位符，因此没有采用类似待验证的假设格式进行措辞。稍后，团队将重新定义第二、三个精益切片中所需验证的内容。当完成第四个精益切片后，此产品将被认为已具备可行性。）

第三个精益切片定义

通过排序、过滤和数据分析改善用户交互。

第四个精益切片定义

将产品从 100 个用户扩展到 1000 个用户（这仅是一个占位符，当我们验证出具有更高优先级的假设时，再进行替换）。

6.6.3 架构上的思考

在开发产品第一个精益切片时可以让交付团队思考有关技术上的未知领域、风险和复杂性，从而演进先前提出的架构，并验证技术上的假设和

方法。通过一个精益切片深入研究整个架构层（参见图 6-7），可以使团队验证集成、测试和数据完整性的方案。由此，团队可以尽早验证核心假设，从而更快地构建产品并发布。第 2 章描述了创建技术雷达的过程（作为演进的一部分），以加入技术趋势和减少技术债。

垂直型整合功能的精益切片

产品			
iOS应用	桌面应用	iOS设备	安卓应用

领域服务			
店面	授权	访问控制	
事件	库存	支付	结账

平台服务
基础设施

图 6-7　垂直型整合功能的精益切片切分

6.7　结语

产品思维强调不仅要在当前为客户提供价值，还要适应未来。在数字化转型中，人们通常忽视了建立产品思维模式，但它是一项非常重要的能力。这种思维模式会从根本上改变传统上利益相关者（投资组合团队）和交付团队的合作方式，使其在最重要的事情上达成一致并共同协作以逐步验证假设（无论是关于客户需求、技术考量，还是关于能否按照预期实现业务收益等）。

一个组织不仅要有清晰而明确的战略，更重要的是整个组织——包括交付团队——都应能够交付预设的价值（或者由于假设不正确而取消举措），但需要意识到投资并不是无止境的。

第 7 章

战略和常规业务整合的投资组合

第 4 章和第 5 章介绍了精益价值树（LVT）和成功的度量标准（MoS），主要专注于战略目标——即朝着数字化企业的方向前进。如果幸运的话，你也许可以将预算的 10%～20% 都用于战略举措，而常规业务（BAU）占据余下的 80%～90%。但在实际工作中，即使你计划将预算中的 15% 用于新举措，短期需求或常规业务最初所需的预算也会占用新举措中的资源，这是企业高管与领导者都需要有勇气才能克服的常规业务惯性。本章将讨论工作中几个关键的组成部分：从战略 LVT 开始，到维护或增强现有的常规业务系统，再到强化和发展相对应的人员能力。

7.1 回到现实

在现实工作中，你需要解决许多问题：

- 我们需要对工作流中的哪些组件进行优先级排序？
- 我们如何平衡这些不同组件的优先级？
- 我们应该对常规业务项目采用哪种 MoS？
- 是什么因素使得本章中所描述的方法具有效果？

7.2　整合多个待办列表

敏捷开发的优势之一是，团队能够在每次迭代中都始终关注有价值的事情。但无论是否敏捷，如果现有事项的优先级不明确或原本计划外的事项被塞入工作流中，那么任何团队的生产能力都会受到影响。频繁地切换任务和缺乏有效的优先级排序都会影响团队的工作效率。

第 5 章介绍了排列战略工作流优先级的基础方法。当然，还需要解决其他会影响交付时间的工作流程问题。

如果想让团队创造出更多的价值，那么他们应该有一个已经排列好优先级的待办列表，当团队准备就绪时可以随时从列表中获取工作。但是当产品交付给客户后，许多中断驱动型的工作会占用交付团队大部分开发时间，这时该如何处理呢？在版本发布后，又该如何处理那些来自用户提出的少量优化和弥补缺陷的工作呢？这种类型的工作有很多名称——中断/修复、维护、漏洞修复、补丁等。通常，这些工作都会交还给交付团队，因为他们是更改自己代码的最佳人选。这个思路显然是正确的，但是交付团队并没有提前规划过这些工作，如果承担它们，反而可能无法如期交付新的战略功能。因此，另一种情况是将这些少量的、在计划外的更改交给维护团队处理，但这又会带来其他问题。

这类优先级问题困扰着每一个需进行软件交付的团队。如果团队还考虑在产品开发和维护时期所积累下的技术债，那么情况会变得更加糟糕。累积效应会降低整个团队的效率，使开发更具有挑战性。而最终，当团队被迫处理他们过去遗留下的债务时，两者将开始产生关联，技术债消耗了团队的产能，减少了（至少是暂时减少了）向客户提供的价值，而客户也因为在下一个版本中没有获得新功能而感到不满。

至于那些新奇的想法呢？要知道这些微小的改变都是具有价值的，也不需要花很长时间来完成，似乎可以将它们"塞进"下一个发布的版本中，但这也会影响已经计划好的工作。所有这种类型的工作都很重要，都必须着手解决，但又不能让它们对已计划好的工作产生不可控的影响。

本节的标题特意使用"多个"一词，而不仅仅是单个"待办列表"，"多个"一词至关重要。每个交付团队都有与其举措相对应的待办列表。在一个投注下，有时可能会有两个举措，每个举措都会被分配给一个不同的团队，这样每个团队都会有一个自己的待办列表。而在更高的层级上，为了排列不同投注的优先级，每个目标团队也都会有一个待办列表。然而，本章的重点是交付团队针对举措使用的待办列表。

7.3 待办列表的组件

图 7-1 展示了待办列表的组件——战略、缺陷、技术债、少量增强和技术能力。每一个组件都需要花费时间来排列优先级。其中三个将被视为常规业务的一部分（虚线框内）。本节将分别介绍这些组件，7.4 节将更详细地描述如何对它们进行优先级排序。

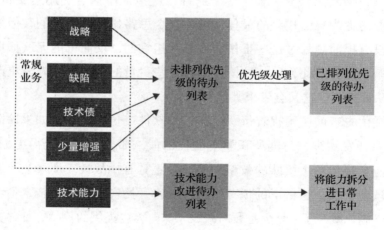

图 7-1　待办列表中的组件

7.3.1　战略

LVT 的底层包含战略举措，这些举措被分解为描述产品创意的用户故事，在第 6 章"建立产品思维模式"中有具体描述。根据我们的经验，对于大多数组织而言，只有 10%～20% 是战略性工作，而剩余大多数的投资组合主要都是由常规业务中的三种类型的工作组合而成。

7.3.2 常规业务

每个组织都有遗留系统。组织的年代越久远，其在遗留系统上的投资就会越多，因为这些系统会消耗大量的交付力量。我们将这种非战略性的工作称为常规业务，并将其分成三种主要类型——少量增强、缺陷和技术债。

首先，在处理常规业务工作时的一个重要问题是"我们需要使用 LVT 吗"，而答案是"视情况而定"。因为这两种方法各有利弊。将常规业务工作反映在 LVT 上的好处是，所有的工作量都将展示在一个地方，你可以清楚地看到常规业务是如何影响战略性工作的。但其缺点是，当你尝试将所有常规业务工作都加在 LVT 上时，将会得到一棵非常庞大的树，并且其中有许多工作都无法与业务战略相互对应，因为战略通常不会包含对现有功能的维护。

想象一下，假设将企业中针对各种汇报系统的少量增强全部反映到 LVT 中。有些改变可能是由于你希望更好地了解业务——例如追求新的细分市场或者提高业务流程的效率，这些改变可以合并到该战略的目标和投注中。但是更多的改变是在业务战略中没有明确指出的，在 LVT 中没有相应的位置。在这种情况下，你需要"新建"一类分组来表示它们在 LVT（目标–投注–举措）中的结构，以免模糊战略的清晰度。

根据组织的性质和投资的多少，你需要接受这些权衡。如果你的公司与我们合作过的大多数大型组织一样，那么将常规业务合并到 LVT 中实际上违背了该工具的用途，此时你需要另一种处理方式。让我们首先描述一下各种类型的常规业务工作，然后介绍一种管理和排列优先级的方法。

7.3.3 常规业务工作的类型

常规业务涵盖了多种工作类型和对时间的承诺。对常规业务分类的方式有许多种，本章使用的三个类型分别是：少量增强、缺陷和技术债。如

图 7-2 所示,它们与战略性工作一起为团队提供了工作量的总体视图。

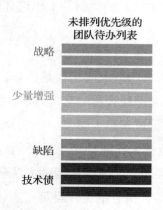

图 7-2 未排列优先级的团队待办列表的组件

少量增强

许多组织都有负责遗留系统的"维护团队",这些团队将会处理来自不同用户的少量增强需求。这种少量增强的需求通常是为了使产品变得更好、更快或者更便宜。

通常组织会制定一些治理规则,将这些少量的改动限制在一定范围内。我们在客户侧看到的最典型的限制就是设定最大投资额,通常以完成工作所需的工时数来计算。

这些维护项目被视为完成工作的"捷径",因为维护项目很少需要对成本/收益进行分析,可以避免遇到大型项目会遇到的障碍。不幸的是,这类维护项目也经常被滥用,最终导致投资委员会撤回与之相关的投资(一经审查,申请很可能被驳回)。值得高兴的是,少量增强是一种可以将所有的投资缺口都封闭起来的方式,并将所有投资控制在一个可被管理的预算范围内。有些组织善于通过产品管理者和用户委员会来确定这类工作的优先级排序,并合理地安排投资费用。但也有很多其他的组织并非如此。

缺陷

复杂的问题往往会驱动产出复杂的解决方案,而这些解决方案并不会总被完美实现。在软件开发中，经常会出现开发错误（有时被称为 bug，这样听起来就没有那么可怕），团队需要及时纠正这些错误。我们已经看到一些组织具有严重的软件质量问题，它们每年需要花费近 50% 的预算用于修复缺陷。而即使是那些花费少于 5% 的最佳组织，也仍然需要采取一种方式对其进行管理。如何管理事故和问题超出了本书的范围，只是无论一个组织在缺陷修复上进行了多少投资，其都应该具备一套高效的管理事故和问题的机制⊖。

缺陷修复中最具挑战性的部分是，这类工作大部分都是计划之外的。按理说修复缺陷所需的工作量较小，但实际情况并非总是如此，因为一旦发生事故，团队需要快速恢复服务。大多数组织将会优先处理有重大影响的事故，其优先级甚至超过其他所有工作，直到事故被解决为止。这确实给已有的优先级排序和投资组合管理都造成了不小的困难。

技术债

正如本书在第 2 章中定义的那样，技术债是团队在维护技术适应性与质量上缺乏相应投资而导致的技术随时间的退化⊖。技术债将导致版本之间的周期发布减少，甚至还会降低迭代之间的发布频次。随着时间的推移，技术债会逐渐累积——开始是缓慢的，但如果一味地忽视质量而不断追求"一次性"的速度，它就会累积得越来越快。这与金融债相似，如果团队不及时偿还技术债，巨额罚款将以技术适应性和稳定性大幅下降的形式开出。

最佳实践鼓励团队"管理"技术债，这样罚款就不会对业务产生实质性的负面影响。因此，你需要将这种类型的工作与其他类型的常规业务一起合并到你的常规业务投资组合管理流程中。

⊖ 有关事故和问题管理的良策，请参见 The Stationery Office, ed. *ITIL Practitioner Guidance*. Norwich, CT: The Stationery Office, 2016.

⊖ Ward Cunningham 创作了一段视频，解释了他对"技术债"的看法：Ward Cunningham. *Debt Metaphor*. https://www.youtube.com/watch?v=pqeJFYwnkjE. Accessed January 21, 2019.

常规业务的成功度量标准

拥有一套合理的成功度量标准（MoS）对于所有团队来说都是至关重要的，因为他们都可以通过掌握必要的信息来了解预期的结果并评估其影响。在第4章和第5章描述的战略工作中，LVT可以帮助构建战略性的产品组合，而MoS可以阐明所期望的结果。但是如何能在剩下的工作（例如，常规业务工作）中也这样做呢？

当你在完成其他工作的过程中遭遇困难需要寻求帮助时，组织的基本业务能力就是最佳的解决方案。所有组织都有一套核心的业务能力，这些核心能力可以通过牵引价值孵化出更多的能力。常规业务通常针对用于支撑这些能力的系统进行缺陷修复、技术债管理和少量增强。常规业务工作的流程相对稳定，并且基于业务导向的度量方式通常都已经存在，或者可以从中进行识别和挑选。

7.3.4 能力

本书重点介绍如何使用LVT，它可以帮助你从目标逐渐聚焦至机会点。其中有两种与之相关的能力需要发展——业务能力和技术能力。业务能力类似于订单成交全流程的能力，而技术能力则指构建技术平台的能力。常规业务的业务能力可以通过间断性的少量增强得以改进，而技术能力则可以通过技能培训等活动增强。因此，你有可能面临一个具有战略性机会的目标，想要支撑该目标需要增强业务能力，而新的技术能力又可以帮助提升业务能力。可以将业务能力的增强视为一个可交付的用户故事并按照优先级排序，而技术能力则可以通过提高改进活动中团队工作占比的方式进行提升。

基于业务能力的投资组合

每种业务能力都是由一个或多个业务流程和相关系统所支撑的。负责这些业务能力的利益相关者通常有一组关键的业绩指标（KPI）或是制定一些过程中的度量值，他们将利用这些指标来管理所负责能力的性能和健康状况。例如，每个组织都有财务和会计的能力，它们在业务运作中必不可少。多数人会认为即使这些能力至关重要，它们也并不是战略性的。以应收账款（Accounts Receivable，AR）为例，收款账期（Days Sales Outstanding，DSO）是一个典型的业绩指标。AR部门的员工都很清楚，他们需要管理DSO，使其数值降至最低。

想象在一个大型组织中，有足够的常规业务工作可以用于搭建AR部门的投资组合体系，并且有一群职责明确的利益相关者来管理。同时，组织还拥有一套系统可以支持AR部门的日常工作，负责整个部门的技术资产。通常，预算包括人员、系统和其他运营费用，组织则需要管理这些投资池。如果想要借用战略投资中与LVT相同的概念、工具与技术进行管理，那么以上都是常规业务投资管理中的关键要素。

常规业务的投资组合管理通常只用一张待办列表，但它需要在预算内合理地管理三种类型的工作（少量增强、缺陷和技术债）。在排列优先级和展示所创造的价值时可依照价值最大化原则。

负责AR部门的利益相关者通常都有一组KPI，其类似于前文提及的DSO。他们一直在探索如何通过改变业务流程来降低DSO，而业务流程的更改也将推动支撑系统的改变。因此，将会不断地有少量增强的需求流入待办列表中，缺陷也会被发现并修复。可是如果团队总不顾虑长远的稳定性，而是大多采用眼前的权宜之计，就会累积大量的技术债。

所有与AR相关的工作都会直接影响DSO。如果停止投资少量增强的工作，那么DSO将无法降至最低值。但如果组织对当前的DSO感到满意，或者认为在其他地方有可能获得更高的价值，则可以将资金（也与生产力相关）重新分配给另一类组合，例如应付账款（accounts payable）。EDGE的核心能力就在于理解每一种投资组合价值。在相同的投注下，无论是将资金转移至另一个战略举措上还是另一类常规业务投资组合中，都可以应用相同的轻量级治理过程⊖。

⊖ 请参见8.3节。

技术能力

LVT 和 MoS 帮助我们了解在市场竞争中应该追寻哪些机会。为了提高产生价值的生产力，团队将投资举办一系列能力培养或持续提升的活动。通过一个整合的待办列表，可以尝试理解交付团队的全部工作量，也能更加全面地了解产品的性能和投资情况。众所周知，想要持续提升工程能力需要时间，但将有限的时间分配给战略举措已是非常困难，再想分配时间用于提高工程能力更是难上加难。但是，团队仍然必须将这些持续提升的工作量可视化，并将它与其余的工作一起排定优先级。

提升技术能力不同于交付用户故事。同样，请参考图 7-1，按比例为团队分配用于提升技术能力的时间。这个比例会随着战略性工作和常规业务组合的变化而变化。我们强烈建议团队采用循序渐进的方法不断提升工程能力。而在不断演进科技和工程技术的同时，更需要提高个人能力。

2% 的持续提升

几年前，当 David 担任 CIO 时，他说服了企业中的 CFO，每年 IT 部门至少要将总预算的 2% 用于持续提升技术能力上。其中包括工具、学习和研发的提升，甚至还包括一些探针试验[⊖]，这些探针试验不是业务所要求的，而是为了学习和探索最新工程技术的概念是否可行。

举一个让人印象深刻的例子：某企业在投资 18.5 万美元用于改善自动化环境部署后，使 7 个交付团队的速度平均提升了 21%。而这提升的 21% 相当于免费多雇用了一个团队。当然，这低估了将这些生产力用于更高价值工作后所创造出的价值。这笔投资回报率（ROI）是该公司当年所有投资中最高的。

7.3.5 合并战略和常规业务投资组合

如前所述，大多数组织将 80% 以上的生产力用于常规业务，因此，有

[⊖] 隐喻，最早指登山的人用镐子在前进的路上找可以着力的点。——译者注

大量的投资组合永远都不会包含任何战略性的工作。应收账款就是一个很好的例子：在组织中，很少会有一项战略性的举措旨在改变 AR 的基本业务能力。再说得直白一些，假设组织中有一位同事非常具有创意，他提出了一项可以改变 AR 的战略性举措。而你希望可以将战略性举措与常规业务分开，但有时少量的战略性事项又可以包含在常规业务投资组合中。当发生这种情况时，你将如何管理？它又属于哪种投资组合？

储备生产力的概念是一种有效合并战略和常规业务投资组合的方法。例如，在前文所述的 AR 部门的常规业务投资组合中，如果想要同时完成少量的战略性工作，可以从部门预算中保留一部分资金（能力）给战略性工作，如图 7-3 所示。这种方法可以使运营的总预算保持一致，但是允许加入少量潜在的战略性工作。但这些资金只能适用于常规业务投资组合中的小型战略举措。主要管理部门在制定目标时，应考虑储备生产力，如果没有战略性工作，团队也可以利用该生产力产生常规业务价值。而 LVT 则处理较大型的战略举措，并使用第 5 章中定义的流程完成优先级排序。

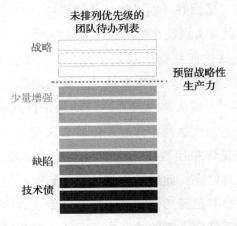

图 7-3　常规业务投资组合中为战略性工作预留生产力

7.4　优先级排序

回顾图 7-1，其中包含一个未按优先级排序的待办列表，交付团队需要对下一个迭代进行优先级排序。如果团队已有一个排列好优先级的待办列表，那么大多数情况下只需要调整列表、添加或删除待办事项即可。

7.4.1 传统的解决方案

过去，许多IT组织会将工作分为新项目和维护项目。如修复缺陷、增加新特性、更新基础设施和一些少量的变更等工作都由维护团队负责，其中少量的变更可以由单人完成。但是，许多资深或技能卓越的员工还是希望可以从事与项目紧密相关的工作，而不是这些"清理"事项，这就使得这些维护工作注定只能让一些经验尚浅的员工完成。但是维护工作通常具有高优先级，因此只是单纯地快速修复反而会加重技术债。而新项目团队在项目进度和成本的压力下，往往不会过多地考虑长远的效果，因此质量（包括测试）常常会受到影响。

我们合作过的许多团队都在尝试使用各种技术来应对这些挑战。最常见的一种方法是在团队中为维护工作预留出一部分生产力。虽然这种方法绝对有助于消除对已做好计划工作的负面影响，但是这样做真的有帮助吗？我们质疑这样做其实只是在每次迭代时减少所需交付的工作而已。

举一个例子：从性能数据中我们了解到，每个迭代中平均需要花费8个故事点用于修复缺陷。此时你会认为，如果团队在每个迭代中交付的总量是30个故事点[○]，那么你只需在之后的每个迭代中承诺交付22个故事点即可。如果在下一次迭代中修复缺陷确实需要8个故事点，那么你这样想是正确的。但是如果出现了一个非常严重的漏洞，需要16个故事点来处理，又该如何是好呢？此时的你虽然想要解决，但是在不放弃已排期工作的前提下，你没有足够的预算来解决这个令人讨厌的漏洞。而此时你又回到了应该如何排列优先级的难题中。或者，现在考虑另一种相反的场景——当没有任何缺陷需要修复时，余下的生产力可以完成另一个用户故事，但这可能又会导致你对原有的生产力产生错误的预判。

由于无法比较不同类型工作的优先级，组织经常将已计划和未计划的

○ 故事点度量活动，而不度量性能（MoS）。

工作分开管理。也经常有客户询问我们："如何比较新特性需求与漏洞之间的优先级？"此时，客户和业务的价值就是最好的判断依据。

7.4.2 更好的解决方法

解决此问题更好的方法是，提升透明度和赋予团队实质性的决策权。创建一个包含所有类型工作（战略、常规业务和技术能力）的待办列表，使团队、产品专家和客户都可以清晰地掌握现状，这是彼此协作处理优先级的良好基础。在利益相关者提出自己新想法的同时，也可以看见团队中其他的任务。而根据我们的经验，这将会提高新想法的质量。在需求形成的初期常常会发生这类情况，当利益相关者想将新的想法加入现有的待办列表时，可以首先对列表进行查看，此时他们可能会发现现有的故事已经可以满足他们的要求，无论如何，总会发生这样的讨论："我什么时候可以拥有它……"这样一来，通过不断的讨论，利益相关者和产品专家会更加理解彼此的立场。这样的工作方式可以减少许多令人不愉快的对话，使协作更加紧密和富有成效。

由于此前已经依据成效导向制定了投资组合，并且拥有了合理的成功度量标准，所以在排列优先级时，你可以参考第 5 章中描述的方法，采用相对价值排序。可按照 MoS 对相对影响和相对工作量打分，由此对所有类型的工作进行比较。此外，每个类别的工作（例如，战略、常规业务）都需要有决策指南。尽管 LVT 的目标十分清晰，但对于其他类型的工作来说，也需要遵循指南。

高价值的缺陷修复

有时比较增强功能和修复漏洞的相对价值并不是一件难事。许多年前，美国社会保障局（Social Security Administration）发现寄给收件人的支票有误，原因是最近的一次软件更新中有一个地方计算错误。虽然每一个个体的误差都很小，但当这些小问题被发送给数以百万计的收件人时，误差就被放大了。不难看出修复此"漏洞"是最高优先级的事情。

这里讨论一个有关缺陷修复的问题：一些团队在如何应用此方法上遇到了困难。他们常说："这只是一个漏洞；漏洞并不增加任何价值。"但我们却对此持有异议，如果它是一个漏洞，那么它必定阻止了某些价值的实现。如果情况属实，那么只要修复漏洞，就可以实现价值。如果这个漏洞对 MoS 没有任何影响，就将修复工作排在优先级列表的最后面，而这也是可以的。

技术债是另一种很难排列优先级的工作。从阻止你实现价值的角度进行考虑，有助于你正确看待技术债的成本问题。如果一个产品的目标是交付持续的价值流，那么减少技术债就变得非常重要，因为这样做可以提高交付的速度和适应性。

排列优先级的背后没有神秘的公式。想要在举措、产品、常规业务、员工能力和技术债之间取得平衡，重要的是对价值合理地分析和采用正确的协作方式来制定决策。而排列优先级的过程也可以通过一些实践、有效的判断和优化流程得以逐步提升。此外，组织可以将尽可能多（但不必是全部）的决策权交给自治的交付团队。毕竟，有时经理和主管的观点是团队成员所不具备的，有时还必须要有重大的支出决策。将所有的组件放入一个整体的、按优先级排序的待办列表中是很有挑战性的，但其中所有的努力也都是值得的。

7.4.3 针对组件的战略

团队需要为投资组合中的每一个组件提供指导。对于战略性的用户故事，你可以从目标、投注、举措和 MoS 中获得最全面的战略信息。对于技术债，你可以使用第 2 章中讨论的资产战略。对于缺陷修复，你可以采用基于业务能力的 MoS。最后，你还可以借鉴第 6 章详细描述的产品战略。以上这些战略都是制定优先级决策时的依据，对其采纳并理解的团队会有坚实的决策基础，而没有这样做的团队注定要在没有任何指导的情况下艰难地进行优先级排序。

让我们思考一个示例，看看这些指导是如何影响决策制定的。如果执行团队开始强调战略组件在当前具有非常高的优先级，那么同期补充说明的还有：在这段时间内，团队会限制增强部分的开发。与此同时，技术债也将相应地减少，这些都将使团队在构建新产品时可以提升交付速度和适应性。

此时，你需要提供详细的有关投注和举措的策略。例如，当团队理解了一个投注级别的假设之后，就会迅速考虑哪些用户故事可以被快速证明或被推翻。

7.4.4　相对值与绝对值

在第 5 章中，我们已经反复强调并推荐采用一种相对的（而非绝对的）优先级排序。相较于计算那些依旧是假设的绝对值而言，相对值的排序要快得多。采用相对优先级排序有利于提高你的能力，帮助你在考虑问题时将一些无形的因素纳入其中。无论你采用什么样的方法，最终待办事项（无论在什么层级上）的优先级都将由团队来决定。

另一个支持相对优先级的原因是，如果团队的判断偶尔出现偏差，那么快速的反馈机制会帮助团队回到正轨。因为如果反馈周期长达好几个月，你往往就会倾向于花费大量的时间用于分析，以便能在第一时间把每件事都做正确。而真正的目标应该是，只要在最终保证一切正确即可。

7.4.5　少做点

我们曾经遇到过很多这样的组织：这些组织中的 PMO（Portfolio Management Office，项目管理办公室）每天都要处理许多来自不同项目的请求——分析这些请求，计算 ROI，并将这些项目都添加到一个巨大的待办列表中。因此，有时优先级较低的项目会被积压多年。花费在核算成本、确定优先级和重新排序的时间是异常惊人的，而这也意味着组织承担了大量的沉没成本。我们已知的列表中已经排列了近 1000 个项目，其中只有不到 100 个可能有机会获得投资。EDGE 会如何让团队避免浪费这些精力呢？答案就在需求形成、延迟细节和快速四分法中。

如果项目请求者不考虑任何后果，只是一味地将新项目丢给PMO，那么待办列表中的项目将会不可避免地越积越多。相反，如果产品团队可以充分理解工作中的流程和待办列表中的项目，则会有助于减少添加至待办列表中的项目。通过评估所有的项目（无论是LVT还是技术债），从源头就将不必要的项目从列表中排除，从而避免团队浪费精力。

敏捷开发也会形成需求

几年前，Jim曾与一家加拿大医疗器械公司合作，该公司正在为其销售和市场营销部门开发新的应用程序。营销负责人要求道："在此应用程序中，我们需要有这100个非常重要的功能。""好的。"开发经理回答，"你最想要的3个功能是什么？""不，"营销负责人说，"这100个功能我们全部都要。""当然可以。"开发经理说道，"但我们先在前几次迭代中交付出优先级最高的3个功能，随后继续处理剩下的。"当交付完这3个功能后，下一个问题依然是"接下来的3个功能是什么"。营销负责人再次强调："我们需要剩下的全部97个功能。""别担心，我们会实现全部97个功能，但让我们先交付优先级最高的3个。"这样反复进行了几次，直到交付并部署了大约20个功能。开发经理再次问营销负责人："接下来的3个功能是什么？"营销负责人回答："前20个功能已经可以满足我们所需的大部分价值，剩下的80个我们不需要了。如果还有需要的话，我们会再联系你。"

当开发经理把这个故事讲给参加会议的听众时，他说："如果我们当时采用了传统的流程来开发这100个功能，我们会完成所有的需求，但所耗费的资金将会铺满这整张桌子。"

敏捷实践有助于识别出哪些是应该做的，哪些又是不应该做的。帮助需求成形是敏捷开发的强大之处，但这往往不被重视。

如果有些需求不是必需的，那么延迟细节是另一种减少工作量的方法。在前文提及的1000个待办事项的示例中，假设需要调整，即将列表中的待办事项缩减到 600 个。你是否要为这 600 个事项创建详细的用户故事呢？当然不是。如果每次迭代的开发速率是 10 个故事，那么一次性完成这 600 个待办事项的故事细节纯属浪费精力。绝大多数情况下，你只需提前 2~3 个迭代完善其中的细节即可。

快速四分法也是一种减少工作量的方法。与其把所有的待办事项都按优先级完成排序，不如将所有的待办事项标记为"必需""高""中"和"低"中的一个，由此将列表分为 3~4 份。这也是一种更加快速地排列优先级的方法。尽量不做不必要的工作——少做点！

7.4.6 团队优先级排序

本章提出的排列优先级的方法之所以有效，其中最关键原因是：这些都是由协作的、自给自足的、自治的团队完成的。如果组织缺乏高度的协作决策能力，团队缺乏足够的知识或是缺乏自主权来制定最佳决策，那么本章中的实践就难以发挥作用。敏捷宣言声明："个体和互动高于流程和工具。"团队成员的技术、能力和经验就是良好判断力的来源。但是，当团队还没有达到自给自足⊖这一必要标准时，即使采用相同的流程，也会产生问题。

团队的判断是必要的，因为在日常的工作流程中，不同的事项具有不同的 MoS。例如，LVT 中某个项目的 MoS 是需要大量的客户点击数，而常规业务中某个项目却看重 DSO，这种不一致会使优先级排序变得棘手。当不同的 MoS 在项目中共存时，较好的方法是通过团队的集体知识依据价值进行相对排序。

当排序的依据是产品而不是项目导向时，也会对优先级产生影响。在传统的项目中，团队除了强调快速地交付功能，并不关注其他部分。如果将之后的维护工作移交给另一个团队，那么情况更是如此。团队几乎没有任何动力去"平衡"这些不同的组件。而在以产品为中心的团队中，产品专家和技术人员都需要负责平衡各个组件的优先级。因为一旦做出决策，他们就得承担决策所带来的长期后果，技术人员也是如此。

⊖ 自给自足团队中的成员来自产品、IT、IT 运营和其他知识领域。

7.4.7 WIP

监察和限制 WIP（Work-in-Progress，在制品）的想法在敏捷、精益和看板社区中引发了深远的影响。当团队每个迭代只能交付 10 个待办事项时，优先在待办列表中安排 300 个事项纯属浪费时间。随着时间的推移，当有新的待办事项加入或优先级被重新调整后，待办列表中的顺序会随之发生变化。如图 7-4 所示，当团队将事项从未排优先级的方框中移至已排优先级的方框中时，限制其移动的数量可以大大节省时间。两个方框的大小也可以反映出现实情况。想象中团队似乎很容易就能限制 WIP 的数量，但事实并非如此。想要将工作流量限制在团队产量的范围内需要耗费大量心血，因为这意味着需要和客户说"再等一等"。

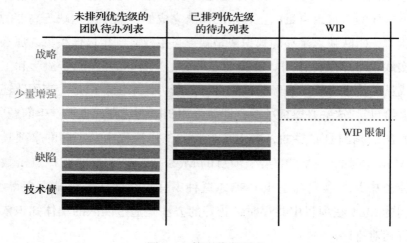

图 7-4 管理待办列表

> **注意** 几年前，Jim 曾与一家美国大型州立机构的负责人交谈，这位负责人担心其 IT 部门交付速度慢、缺乏紧迫感且整体产量较低。"你有多少员工？"这是第一个问题。主管回答："42 个。""现在员工正在处理多少个活跃项目？"这是第二个问题。主管回答："43 个。"突然他就觉察到了这个回答意味着什么。

7.4.8 对价值和工作量评分

本节汇总了前文中所有影响优先级排序的因素，对价值和工作量进行评分是确定优先级的最后一步。第 5 章为对不同类型的工作排列优先级提供了基础。用户故事是增量型工作，可以在迭代结束时为客户带来价值。虽然技术债与少量增强项有些不同，但依然可以沿用用户故事来描述这些最小的工作单元，这些是团队用于确定优先级的最小层级。下面这四种从简单到复杂的实践都可以帮助团队为故事排列优先级。所有这些实践都将涉及整个交付团队，团队也可以使用价值评分对差异较大的组件进行对比分析并排序。

最简单：直接分配优先级

最简单且省时的排序过程是让团队对待办列表中的故事直接排序。毕竟团队成员了解其中所有的因素——例如，战略、成本、价值和风险——他们只是没有花时间写出每一项的具体数值权重而已。

比较简单：直接分配价值

稍微复杂一些的方法是：先为每一个故事的价值评分，再为其工作量评分。正如第 5 章中提到的，团队可以使用粗略的度量尺度，如"低、中、高"、T 恤尺码（S、M、L）或斐波那契数（1，2，3，5，8，…）。由于故事在大小上通常都是相似的（它们不可能像投注那样有那么大的范围），因此可以粗略地估算工作量。图 7-5 展示了使用价值和工作量的分配矩阵。在这种方法中，团队不需要计算优先级，而是在查看矩阵时直接分配优先级。如果不考虑工作量，也就无须花时间计算价值和工作量的比率（V / E）。

用户故事	价值	工作量	优先级
用户故事1	1	1	4
用户故事2	2	3	3
用户故事3	5	1	1
用户故事4	1	5	5
用户故事5	3	3	2

图 7-5 划分故事的优先级

中等复杂：MoS 评估

在图 5-4 中，我们评估了三种不同的 MoS（净推荐值、转换、放弃），并得出了各自价值的分值。随后在图 5-5 中，我们评估了三个不同类别的工作（投资、风险、变更），由此确定各自工作量的分值。在分别获得了价值和工作量的分值后，就可以开始计算，类似于 V／E 中包含了价值和工作量。在之前两种比较简单的方法中，工作量的分值都是隐性的，没有外显。对于待办列表中的用户故事而言，使用 MoS 评估方法事倍功半，并不值得花费如此巨大的工作量。也就是说，当一个团队仍在学习和熟悉彼此的过程中时，可以采用较为复杂的分析方法。一旦他们觉得不需要这些额外的工作量，便可以选择一种较简单的方法。

复杂：CoD 评估

第 5 章介绍了如何使用 CoD（Cost of Delay，延迟成本）来确定价值。尽管团队也有可能在用户故事级别采用 CoD 评估，但我们依然认为在大多数企业中对 LVT 组件使用 CoD 评估过于复杂且太过耗时。

7.4.9 上报流程

尽管团队认为只需产品所有者对团队整体的工作范围了如指掌，就可以排定优先级，但有时由于外部因素或管理需求，需要组织领导裁定优先级的顺序。制定一个适当的上报流程有助于团队理解哪些决策可以做，哪些需要领导参与。

有时候，团队很难对 LVT 的 4 个组件进行相对优先级排序。当你尝试度量出每一个待办事项的价值，有时很难加以定论。例如，常规业务中的增强需求和技术债修复哪个更具有价值呢？不管一个团队多么团结，成员之间的意见分歧都是不可避免的。例如，产品人员在新功能的压力下会认为增强需求更重要，而技术人员则认为减少技术债才应该具有更高的优先级。

在这一点上，一个运作良好的自治团队和一个能力一般的团队可能会采取不同的方法。后者会陷入争论的僵局，由此决定上报至管理层。但尽管运作良好的团队拥有经验丰富的产品人员和技术人员，他们在面对难度较大的优先级决策时相对从容，但总有一些决策需要上报至更高的管理层。

7.4.10 不完美的优先级

在排列待办列表中的优先级时，很容易误以为这些优先级是恒定的。但其实这是一个可修改的过程，由于它使用的是相对值而非绝对值，因此优先级也会不时地发生变化。

> **太灵活了吗？**
>
> 几年前，一个客户抱怨团队几个迭代的开发速率为零（没有完成任何一个用户故事）。这是由产品经理（PO）缺乏经验导致的，他在两周的迭代过程中更改了优先级，以至于什么用户故事都没有完成。我们建议在迭代运作的期间不要轻易更改，除非万不得已。随后，开发速率有所提高（从零开始），并且团队也逐步认识到管理变更并不意味着一定要更改某些内容，过于关注迭代有时会影响团队对整体目标的理解。

当然，只要有人参与，流程就不可能完美。此时你可能会质疑本书提出的流程也不是完美的——对于此我们也将举双手赞同。但还记得两个旅行者在森林里遇见灰熊的故事吗？当一个旅行者坐下迅速穿上跑步鞋时，他的同伴感到奇怪：“即使你穿了这双鞋也跑不过熊。”"我不必跑得比熊快，"第一个旅行者说，"我只要跑得比你快就行了。"同样，我们划分优先级的方法不必是完美的，但它只要比竞争对手的方法更好就可以了。

请记住，EDGE 中的所有流程都是基于敏捷的，这意味着前文涉及的事情都要在短时间内经历迭代、反思和学习，最后达到快速响应。即使团队定错了优先级，也可以在短时间内做出调整。对错误的快速响应可以为错误提供防护网，同时也可以管理风险。

7.5 结语

在学习本章以及其他章节中的实践时，请牢记一件重要的事情：千万不能只挑那些对你的组织有益的部分，而忽略了其他实践。这是因为，在这些实践中有许多是需要相互配合的，因此你必须全面理解它们是如何协同工作的。在敏捷开发的早期，当极限编程开始流行时，一些专家抱怨说这些实践并不是全新的。其实，他们在某种程度上是正确的，但也忽略了最重要的一点：12项实践与其价值陈述的结合才是最大的创新。我们应该将这些实践视为一个整体——如果剔除任意一个，整体也就变弱了。

但这也并不是说，你不能根据自己特定的环境来调整实践，本书在开头就明确指出定制化和适应性是 EDGE 中最重要的部分。然而，你还需要理解：在调整后，这些实践之间应该如何相互支撑。

第 8 章 轻量级治理

敏捷主张的价值"工作的软件高于详尽的文档"⊖要求组织专注于软件交付的主要目标——代码。为什么这一点如此重要?因为在许多组织中,软件工程的发展已逐渐转向文档:冗长的需求说明、全面的测试计划、大量的设计图表等。随着时间的推移,这些文档演变成为目标,而代码则成为虽必要却不那么重要的部分。敏捷并不是反对所有文档,它只是更倾向于软件开发的主要成果——可运行、经过测试的代码。

8.1 迷失目标的治理

一些相似的分析方法也适用于治理。治理的真正目标是确保:
- ❏ 目标、投注和举措可以满足客户的价值目标。
- ❏ 有效分配决策权力并执行管理责任制。
- ❏ 举措符合内部和外部的法规与标准(例如,安全、审计、会计)。

与软件交付一样,治理的目标也已经迷失在大量的文档之中⊜。Jim 曾

⊖ 敏捷软件开发宣言,2019 年 2 月 28 日更新发布。https://agilemanifesto.org/。
⊜ 本章关注投资组合治理,而不是整体的技术治理。

经在一次大型软件工程企业举办的会议上发言（他也曾是重量级方法可行性研讨小组的成员）。最后长达20多页的会议反馈表表明了在很大程度上文档可以左右人们的思想。

一家开发临床试验医疗软件的公司对此做出解释：美国食品和药物管理局（FDA）要求软件中的需求与代码必须相互对应，而这意味着必须先完成需求说明书，再将需求转化为代码，在这期间根本无法实践迭代式开发。即使实行迭代式开发，这家公司也要求在编写代码之前就证明所有的需求都是可行的。类似地，许多公司也误解了美国财务会计准则委员会（FASB）⊖提出的成本资本化，错误地限制了该领域的敏捷开发。

轻量级治理的目的并不是消除文档，而是通过适当下放决策权和建立明确的责任制，使成员更聚焦于治理的主要目标。高管负有监督投资的信托责任，而这项监督任务十分重要——它可以防止组织犯下严重的错误。

8.2 建立轻量级治理

传统的投资组合和项目治理强调记录可交付的内容（例如，设计和需求文档）与项目的完成情况。在这种情况下，与执行人员一起准备交付件评审是一件十分劳民伤财的事情。由于这种阶段性的风险管理方式侧重于管控和计划，因此很容易造成项目进度拖延并损伤士气。采用敏捷交付实践会打破这样的管理方式，但不幸的是，当企业试图将敏捷文化扩展至更多的项目中或整个组织中时，这种传统的治理方式又会重新流行起来。

传统的投资组合强调控制，这类似于传统项目管理中始终关注进度和成本。使用这种方法，团队始终聚焦于各种约束，而不再关注客户的价值。而在EDGE中，重点是以成效为导向——需要面向客户价值、不断创新和增强适应性。财务控制虽然也很重要，但不再是重点。管理团队的重点应该是帮助组织实现更快、更创新、更具有适应性的目标，而不是减慢流程速度。每个级别的管理团队都应该鼓励提升速度和加强学习能力——这

⊖ FASB：美国财务会计准则委员会。这些标准与费用和资本账户的分类有关。

正是"建立轻量级治理"的目的。

　　EDGE 治理的两个主要特点是：价值监控，而不是行动监控；重视速度和灵活性，而不是烦琐的流程和文档。组织中的治理应该首先关注价值创造。尽管治理必须依托强大的高管，但管理者和评审员可以提供独特的视角和经验，帮助团队有效交付。改进的结果来自协作和贡献，而不是严格的管控。

> ### 大型零售公司的投资组合管理
>
> 　　一家大型零售公司的 CTO 感到很沮丧。在过去的几年中，开发和运营团队已经实现了敏捷和持续交付的实践，由此提高了交付速度，并将重点放在更有价值的项目上。然而，现有的流程虽然发挥了一定的作用，却阻碍了公司的数字化转型。CTO 对其传统投资组合的管理和流程感到十分烦恼。
>
> 　　将项目添加到投资组合中、对其进行优先级排序并将它们发布至开发中的过程十分漫长，并且完成其中所需的文档既烦琐又费力。这家零售公司花费了数不清的时间来估算项目的成本，然而只因为某人的一个眼神——就将此项目放在了优先级列表的最后，以至于之前的全部分析都打了水漂。此外，PMO（项目管理办公室）的分析师花费了大量的时间来计算详细的收益和投资回报率（ROI），而这些计算在项目实施后从未得到证实。以上这些努力，再加上制作几十张向管理层展示结果的幻灯片，就意味着整个流程需要花费几个月的时间。而且，一旦确定了下一年的投资组合，就很少再发生变动。此外，PMO 的团队和 CTO 的开发团队经常发生冲突。
>
> 　　在这个组织中，想要将一个轻量级的、敏捷的、快速的交付流程与公司战略和目标联系起来，居然要通过一个缓慢的、繁重的投资组合管理流程。CTO 的沮丧可想而知。我们的第一步是为公司中优先级较高的数字化企业项目实施 EDGE，先将少量的变更管理工作转变为这种不同的投资组合管理方式，由此验证这套方法是否具有价值。

> 通过使用精益价值树，我们创建了面向成效的度量方式，根据投资组合中的相对价值对工作进行优先级排序。我们还实现了定期价值评估周期，相较于过去，重新衡量投资组合的机会明显增多了。
>
> 该组织能够通过这种方法快速实现价值。领导者也能够与最高优先级的目标保持一致，并将团队的注意力始终集中在最重要的事情上。CTO 的烦恼也随之烟消云散。公司文化逐渐演变成一种试验性的思维模式，不断提醒员工要去做最有价值的事情。这无疑在战略和执行层之间建立了之前从未有过的联系。EDGE 也得以在更多零售企业的投资组合管理中使用。

现有的管理框架（包括治理）是推行业务敏捷和产品思维的最大障碍。由于人们试图说服自己可以通过大量的分析预测未来，因此许多现有的框架都需要由大量的文档和繁重的流程作为支撑。许多重量级的实践之所以会出现，部分是因为错误——或者想要尝试消除未来可能发生的错误。但事与愿违，这些错误往往都是由制定计划时无法预测的事件引起的。而且，无论你在前期添加了多少文档或流程，这些错误都无法避免。你能做的就是提高自己的能力，尽早发现错误并迅速做出响应，从而减少损失并降低风险。

变革性的举措——尤其是那些需要创新的举措——依赖于更快速地学习，这样小错误就不会酿成不可弥补的大错。从创新的视角来研究诸如投资组合和项目管理之类的管理框架，要求领导者能够坦然地走出舒适区，勇敢地直面挑战。

采用 EDGE 的治理强调了召开定期价值评审会（Periodic Value Review，PVR）的频率。PVR 提供了一个框架，以确保将会按计划使用资金和资源，并朝着目标、投注和举措的方向迈进。价值实现团队㊀将协助进行这些审查，并保证它们以有效的节奏进行。有关 PVR 节奏和参与者的示

㊀ 价值实现团队会替代传统的投资组合或项目管理办公室，以价值驱动成效的方式管理投资，并给敏捷产品团队赋能。——译者注

例,请参见图 8-1。

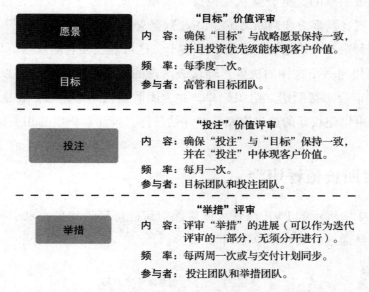

图 8-1　定期价值评审会的节奏和轻量级治理的结构

审查的三个级别应与 LVT 相对应:目标、投注和举措。根据这些评估的结果,团队有机会评判当前的投资是否仍然正确、是否需要更换投资战略。在每个级别上,审查人员都可以决定是否应该停止、调整或扩大投资,又或者重新启动新投资。他们审查的内容包括:针对目标和投注所创造的价值(成功的度量标准)、针对举措的交付进展,以及在每个投资组合中做出的投资。

PVR 的目标应该与评审敏捷交付团队的目标类似:

❏ 鼓励通过较短的反馈周期来学习和降低风险。
❏ 根据交付的价值做出决策。
❏ 为每次投资决定是否继续、调整、停止或转向。

PVR 的节奏可能是每个季度一次、每个月一次、每两周一次或每周一次。当团队需要确定具体的节奏时,应该首先讨论以下问题:我们怎样才能快速适应?仅仅进行频繁的评审是不够的——组织必须有意愿在评审期间做出艰难分配或是重新分配的决定。众所周知，想要停止举措（或投注、目标）是很困难的。将资金从一种投注重新分配给另一种投注，这样的决策需要勇气、洞察力和判断力（由 MoS 数据支撑）。实施"轻量级"流程并不会使这种艰难的决定变得容易。事实上，这可能会使它们变得更加困难，因为必须快速做出这样的决策。轻量级治理的重要性在于，它可以通过定期价值评审会来帮助建立组织纪律，并为团队提供一个论坛。在这个论坛中，他们可以建议新的前进道路，并评估目标、投注和举措的相关价值。

8.3　定期价值评审会

图 8-2 中所示的 PVR 流程可以确保组织能够轻松地监控和引导投资。所有者团队通过评估 MoS 来评审价值。

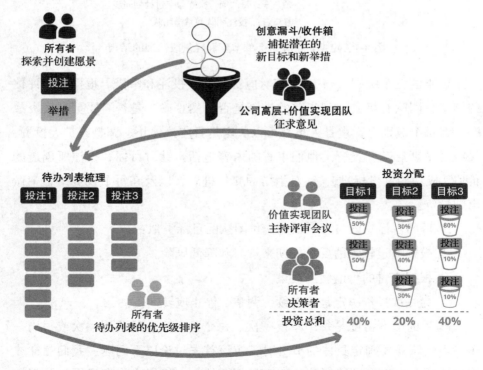

图 8-2　定期价值评审会是一个监控和指导投资的过程

在传统的投资组合管理过程中，投资组合状态报告通常局限于诸如进度之类的表面问题。这些评审过程更侧重于关注节点的度量（例如，实现里程碑、花费的预算），而不是实现客户的价值（例如，客户现在可以在付款时查看订单的状态）。

EDGE 用 PVR 代替了节点评审。在 LVT 的每个级别上，团队通过展示对 MoS 的影响来回顾他们在此期间创造的价值。由于团队一直都在进行增量式交付，因此他们可以持续地向客户展示实际创造出的价值（或发现缺乏的价值）。这种实时反馈是 EDGE 的主要优势。

在传统的投资组合管理中，组织只能查看所执行过的节点和原始解决方案的计划。由于直到最后才能知道结果，所以几乎没有机会来决定是继续按原路前进还是改变方向，或者停下脚步。这是传统投资组合管理方法失败的根本：组织没有能力掌控方向，直到无力回天。它的重点是实现计划，而不管该计划是否仍然可行。

通过 PVR，所有者团队将考虑已完成的交付、已产生的价值（MoS）、已做过的投资、正在进行的工作，以及待办列表中优先级最高的内容。这才是一张完整的投资组合视图，旨在当利益相关者和交付团队之间基于价值进行对话时，为其提供充足的信息作为支撑。PVR 的基调是协作以及专注于继续促进组织战略和愿景的实现。

8.4 重新平衡投资组合

当 PVR 中显示的信息表明当前投资发生了变化时，便需要重新平衡投资组合。例如，假设竞争对手发布了一款新产品，此时你需要立即回应。这种回应可能是创建一个新投注，从另一个机会中获取资金和团队。

在评审过程中需要考虑的具体问题包括：
- ❏ 我们是否在为我们的 MoS 交付预期的价值？
- ❏ 我们是否在既定的约束范围内？
- ❏ 投资是否符合预期？

- 是否有危险信号？
- 该评审小组是否可以帮助我们解决任何障碍？
- 是否有新的外部因素需要注意？
- 团队是否由于其他原因会很快有空档？
- 我们是否已经获得足够的价值，可以继续进入投资组合中的下一个待办事项？

最后一个问题尤为重要——应该何时停止投资？团队有两个选择，如图 8-3 所示：继续并投资更多；停止并释放生产力，去探索下一个最有价值的想法。每个评审团队都应该问这样一个问题："你是想要通过 100% 的成本获得 100% 的价值，还是通过 70% 的成本获得 90% 的价值？"通常，最后 10%～30% 的成本所提供的附加价值很少。如果已经实现足够的价值，就可以停止该项目的工作，并转向新的尝试。

例如：利用成效来引导投资。如果成效为正，投资可能增加；如果成效为负，投资可能减少（停止）。

图 8-3　根据定期价值评审会调整投资

已取消项目的价值

我们的同事 Ken Collier 讲述了一个他参与过的项目。当公司缩减投资组合、项目突然陷入资金短缺时，他的公司已经向客户交付了大约 20% 的功能。当 Ken 和客户的 IT 人员报告这个坏消息时，他们补充道："我们可以再花一至两个星期来完成这个项目，并完全部署我们已经完成的 20%。""太好了。"客户说，"我们很遗憾这个项目被搁置了，但到目前为止，你所交付的功能都已被证明是非常有价值的。请继续完成它们吧。"

如果机会无法再带来价值，那么组织有以下三种选择：

1. 减少投资。
2. 停止追求机会。
3. 转向更有价值的机会。

减少投资意味着设定新的投资目标、调整人员配置，以及再次调整 MoS。停止追求机会使你可以释放资源去抓住下一个最有价值的机会。"转向"是指运用你所学到的知识，以不同的方式继续前进。

如图 8-4 所示，这种对反馈的定期和高频的响应，为组织在追求业务成效的过程中提供了前所未有的掌控权。就像 EDGE 中其他所有实践一样，重新平衡也是增量式和迭代的。组织不需要等待数年就可以改变方向。每一个 PVR 团队都有机会基于他们的学习做出反应——在有帮助的想法上投资更多，在没有帮助的想法上减少投资。

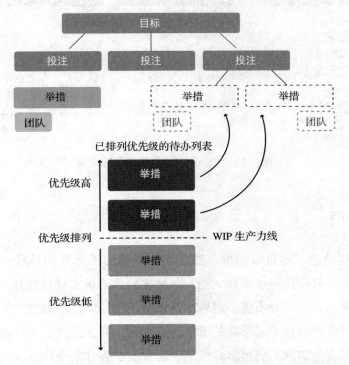

图 8-4　根据 PVR 的决定，从待办列表中挑选下一个最有价值的举措

8.5 定期价值评审仪表台

在 PVR 中，投资组合所有者团队将会评审前一阶段的投资组合，说明已完成的交付、已产生的价值（MoS）、已做过的投资和正在进行的工作，并对待办列表中优先级最高的内容进行最初的了解。这才是一张完整的投资组合视图，它可以提供充足的信息作为支撑，让利益相关者和交付团队之间基于价值进行对话。图 8-5 是一个仪表台的示例，它将这些信息都合并在一个页面中。

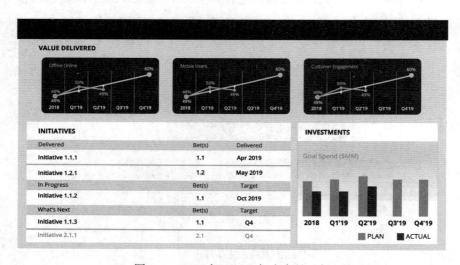

图 8-5　PVR 中 EDGE 仪表台的示例

8.6 结语

绝不应该把"轻量级治理"这个术语理解为不重要的治理。但是，在这一领域中，官僚作风加重和文档记录增多的趋势确实日益明显。治理对组织至关重要，如果治理不善，组织将会面临重大的问题。敏捷软件开发已经表明，很多官僚机构并无存在的价值，完全可以简化治理方法以满足当今快速变化的环境的需求。满足客户价值、法规、财务和安全目标才是管理职责的核心。

第9章

自治团队与协作决策

这是一个如此复杂的世界,以至于你已经无法独立工作了。组织中的任何一个人甚至一个职能部门都已不具备足够的知识和经验去规划和实施哪怕是一个很小的数字化举措。你需要一个团队来实现数字化目标,而这应该是一支什么样的队伍呢?你将在本章中看到,具备以下特征的团队正是你所需要的:

- 自治。
- 知识和观点上均可以自给自足。
- 协同合作。
- 坚决果断。
- 产品和业务能力保持一致。

9.1 你并不孤单

诚然,一个团队可能具备以上所有特征,但仍不是 Tom DeMarco 和 Tim Lister⊖在 30 多年前有关团队协作的畅销书中所描述的难以捉摸的"胶

⊖ Tom DeMarco, and Tim Lister. *Peopleware: Productive Projects and Teams*. New York: Dorset House, 1987.

冻"团队○。是否是"胶冻"团队取决于成员间捉摸不透的"化学反应"。有些团队似乎拥有有利的工作条件，但不是"胶冻"团队。有些团队似乎缺乏成功的要素，却是"胶冻"团队。在这么多关于团队的书籍中但凡有一本可以解答这一难题，我们就可以把它直接推荐给读者。不幸的是，这样的"银弹"并不存在。本章中关于团队的话题涉及了在当今充满竞争的世界中组建各个层次的团队所需要考虑的特征。

回想图 1-3 中机会和能力间的差距。由于精益价值树（LVT）和成功的度量标准（MoS）的构建，当下人们对未来充满了乐观。你已经锁定目标，现在需要去实现，以及构建所需的产品和能力。回想起 Gerald M. Weinberg 的告诫："无论最初的问题是什么，归根结底都是人的问题。"○本章着重讨论"人的问题"的一个子集，或者我们更应该用"人的机会"来描述这个问题，即"人们应该如何在团队中合作"。仅仅将人们聚集在一起，或是组建一个自给自足的团队，抑或是给团队充分授权都不足以解决这个问题。我们必须构建一个创新的、快速响应的、价值驱动的、学习型的、高绩效的团队，这也许是"我们应该如何协作"这一核心问题的部分答案。

9.2　自治团队

EDGE 在使用和推广高效团队方面与敏捷和精益方法类似。如今的团队被赋予了许多新的标签：自治、协作、自给自足。

从根本上说，自治团队有权且有责任交付以成效为导向的产品，无论实现目标的产品是软件功能（代码），还是按优先级排序的投资组合。协作团队共同对结果负责，每个人都参与贡献。自给自足的团队拥有达成目标所需的各项能力和多元化的观点，这个团队对其他团队或其他个体的依赖程度最小。工作安排依照团队负责的特定成效而定，每个成效应由一个团队承担，而不是由几个团队分担。团队对成效负责，而不是对某块固定的代码或某个技术实现负责。

○　"胶冻"团队意指一群紧密联结的人，整体大于部分的总和。——译者注
○　Gerald M. Weinberg. *The Secrets of Consulting*. New York: Dorset House Publishing, 1985.

为什么需要自治团队

自治团队具备交付单位价值的信念和能力,从而能解决跨多个团队工作所带来的挑战。

自治团队得益于自身具有以下特征:

- **减少依赖**。随着功能在多个团队之间层层传递,中间的交接工作会造成交付延期、质量降低以及工作任务与业务目标的分离。
- **提高吞吐量**。减少依赖和完成一项任务所需的交接次数可以提高吞吐量。
- **简化估算**。消除团队间工作的排期和排序,可以降低评估工作完成时间的复杂度。
- **提高透明度**。整个系统的工作进度和可用容量清晰可见。
- **愿景更加一致**。团队持续调整可衡量的价值并对齐长远的愿景,可以降低偏离路线的风险。
- **胆识远见**。当无法预料的结果和优先级发生变化时,团队有能力快速地响应变化。
- **降低风险**。在不确定、多变的环境中,最大的风险是传统的职能团队和层级管理:它们既不鼓励创新也不鼓励快速交付价值。

多年来,管理学家经常会用三个相关术语:委派、赋权和自治。委派是指将任务分配给他人或其他团队。自 20 世纪初以来,委派的概念一直是管理学的主要内容。委派更多的是任务分配而不是决策。经理通过将工作委派给某人来完成分配,但最终的结果仍由委派者来负责。在 Frederick Winslow Taylor(20 世纪初期著名的管理学理论家,也是《科学管理原理》⊖的作者)看来,工人如同机器中的齿轮。要做的任务和完成该任务的详细说明会给到——或者说委派到他们手中。

知识驱动的当今世界充满了不确定性,你需要基于完全相反的前提来

⊖ Frederick Winslow Taylor. *The Principles of Scientific Management*. Martino Fine Books, 2014 (original in 1911).

解决有关人员和工作的问题。Daniel Pink 在其著作《驱动力》[一]中对这种反其道而行之的方法进行了表述。他强调，与员工互动的三个基本要素是自主性、掌控力和使命感。委派关乎任务分配，自治则关乎决策。

委派意味着选择或挑选某人去担任他人的代表。给某人赋权意味着将权力或职权授予他人。你能体会到两者之间的区别吗？委派给某人只是让他们如你所设想的那样代表你采取行动，你的手里依然握着足够灵活的"木偶提线"。给某人赋权意味着给予他们足够的权力和职权自己采取行动。想要真正赋予某人权力，必须树立他们的权威，给予他们适当的资源，同时让他们对组织的价值观和原则负责。他们必须拥有足够的权威才能做出意义重大的决策。[二]

有些人（如 Pink）认为赋权还做得远远不够，在实践中，管理层只是将职权授予员工。因此我们必须将赋权和自治明确地区分开。赋权团队拥有的只是管理层分配的决策权。而自治团队对几乎所有的事情都拥有决策权，除了管理层明确表示保留的事情之外。两者的区别很大。我们将使用"自治"一词，因为它不仅意味着更广泛的团队自我管理，也暗示了这是与生俱来的权力，而不是被授予的权力[三]。

你大可通过度量自我管理和独立的程度来衡量自治。自治团队是自主的，具有明确的目标和工作边界。在一个组织内，任何团队都不可能完全独立，但是它们确实需要在周遭的工作环境中拥有一定程度的掌控力或自治权，才能充分参与到工作中。自由伴随着责任——要承担行动、决策、交付成果和公开结果的责任。为了实现自治，团队必须肩负起责任。那么，多高程度的自治权是有益于团队的？自治程度是否越高越好？自治到什么时候才好？什么时候自治会陷入无政府状态？又该如何平衡自治和责任？

[一] Daniel H. Pink. *Drive: The Surprising Truth about What Motivates Us*. New York: Riverhead Books, 2009.

[二] Gary Runn. "Delegation vs Empowerment." Gary Runn [blog], September 6, 2010. http://garyrunn.com/2010/09/06/delegation-vs-empowerment/.

[三] 有时称之为"保留权力"，它与美国宪法中的概念非常相似：人们天生就有权利，无须授予；州拥有除了联邦政府保留权力以外的所有权力，而不只是拥有联邦政府授予的权力。

自治团队应该致力于分配给它的客户价值成效，而不是分配给它的工作任务。通常，团队工作的开展依赖 LVT 和待办列表中的举措进行优先级排序。团队成员（其中应该包含产品人员）共同确定下一次迭代中完成的工作优先级，并交付分配给团队的成效。如何达成成效应由团队来决定。但是，在团队运作方面，自治程度并非绝对。

领导者将成效和边界分配给团队。成效定义了团队对什么负责，边界明确了团队的约束。第 5 章讨论了 MoS "护栏"。这些度量"护栏"对于团队而言就是某种边界。边界的范围越大，自治程度就越高；反之，自治程度就越低。例如，软件交付团队在选择可以使用的工具方面有多大的余地？团队成员是否只在某些领域（技术语言）有选择权，而在其他领域（持续集成）却无法选择？他们在遵循架构标准上可以做出哪些选择？在过去的 10 多年里，随着开发工作的技术栈呈爆炸式增长[一]，工具标准受到严格限制的组织劣势明显，因为其引入新技术的流程缓慢而冗长，以致无法利用迅速发展的科技优势[二]。过小的选择余地可能会阻碍创新，而过多的选择会导致混乱和效率低下吗？

解决这些问题的一种方式是回归本书所强调的基本原则，即处于混沌边缘的运营会孕育出革新和创造力。边缘上的运营意味着需要设定一些规则，但又不能设置太多。边缘如此危险，使得人们试图尽量远离它——这就需要或多或少地设定规则。难以定义如何在边缘保持平衡——这更像是一种主观判断。对于习惯于规范性的流程和实践的管理者而言，将"视情况而定"作为主观判断的依据令人难以接受。

9.2.1　团队组成：从跨职能团队向自给自足的团队转变

在敏捷开发的早期（或更早），实践者就提倡跨职能团队的理念。IT 团队的成员通常包括开发人员、测试人员、业务分析师等。随着敏捷实践

[一] Jim Highsmith, Mike Mason, and Neal Ford. "Implications of Tech Stack Complexity for Executives." *ThoughtWorks Insights*, December. 14, 2015. https://www.thoughtworks.com/insights/blog/implications-tech-stack-complexity-executives.

[二] 新增的技术栈的数量参见 2.1.4 节。

的不断发展，产品专家和IT运维等角色也加入了团队。在另一种情况下，具备专业技能的人员将会以兼职的方式加入团队，并被指定为主题专家（SME）。之所以被称为跨职能团队，是因为这些团队可以从职能组织中招募具备熟练技能的成员。

正如9.3节所述，敏捷组织（不仅仅是IT组织）正在朝着基于能力（内部）和产品（外部）构建组织架构的方向发展。由于这些新的组织架构不是围绕着职能设计的，因此"跨职能"这个词失去了它的意义。如今我们需要的团队应该具备"足够的"知识和技能来达成目标，无论它们需要的是技术技能还是营销技能。

自治团队需要尽可能地独立于组织的其他部门。例如，传统的IT团队通常由分析师、程序员、项目经理、测试人员、数据库专家等组成。团队成员常常被"矩阵化"，这意味着他们向职能经理（负责人员管理和绩效考核）汇报工作。团队成员往往（可能总是）更加忠于他们的职能等级，而不是项目团队。因为没有任何责任制，这种矩阵化的依赖和项目团队忠诚度的缺乏会导致项目进展缓慢，交付质量低下。依赖关系越多，逃避问责的借口就会越多。

建立自给自足的团队可以最大限度降低依赖关系。一个自给自足的团队应该具备所需的必要能力来交付其承担的投资组合中的工作。一个典型的软件交付团队可能需要4~8种技能领域。高管团队和管理团队也应该自给自足——CIO、CFO、产品开发副总裁、营销副总裁。

从筒仓团队向自给自足的团队转变

我们曾与一家金融服务公司合作，致力于抵押贷款行业软件产品的研发。这家公司有三个不同的职能部门：软件开发、律师、会计师。产品线的金融交易要遵守每个州的不同法规，同时公司必须遵守联邦法规。这三个职能部门位于不同的办公楼，而"需求"以文档的形式进行传递。在对投资组合到功能的各个层级进行优先级排序时，遵循的依然是"谁的嗓门大谁优先"的千古法则。沟通失准和交付延期的情况频发。该公司发布创新产品和新服务的速度远远慢于竞争对手。其竞争对手能够围绕立法的指导方针提供更好的用户体验，而这些方针却被该公司的律师认为是制约因素。必须改变这种现状。

令该组织能够更快地交付价值的关键变化之一是将交付团队转变为以产品为中心的团队，其中包括软件开发人员、会计师和律师。软件开发部门也重组为自给自足的团队，开发人员、测试人员、分析师、用户体验专家、产品经理等角色现在全都隶属于产品团队。

重组以及流程改进的结果使得该公司将高价值的机会和产品的优先级排得更高。此外，团队协作代替了事无巨细的文档，士气得以提升，市场领先产品的发布日期更具竞争力。

数月后，当被问及这些新团队的运营情况时，开发总监回答道："棒极了。产品团队的沟通更加通畅，交付也得到了改善。现在，产品团队之间的沟通问题让我们头疼！"

没有"银弹"可以解决所有的问题：只能寄希望于解决方案解决的问题要比其带来的问题更多。在这个案例中，由于有数款产品需要打包成套件并销售给客户，交付团队之间需要知道彼此的工作。即便如此，产品定位仍然解决了比它所带来的更多的问题。

在 EDGE 中，实践的主要转变之一是从预先的详细计划和分析转向更加全面的长期路线图规划。这样能够使计划和方向始终保持一致，同时响应新的信息。全局视野是必须具备的，它可以提供将复杂的解决方案紧密整合到一起的架构。随着新的学习的发生，当需要对计划或设计的细节做修改时，它还可以提供参考依据。

这种思维的转变对于习惯于传统实践的人而言是一个重大的变化，因此，管理层和价值实现团队（本章稍后将进行解释）需要慎重地呵护这种变化。

9.2.2 信任关系

协作就是两个或两个以上的人共创产品或者分享知识。信任是团队协作无间的核心。实际上,信任还是自治、协作和有效决策的核心。如果领导者无法完全信任他们的团队,抑或是团队成员间缺乏相互的信任,那么都将导致团队绩效的下降。图 9-1 按照由低到高的信任度展示了交流的三个维度。我们通常认为这些维度存在于团队成员间的关系中,其实它们也适用于领导者、经理与向他们汇报的团队间的关系。

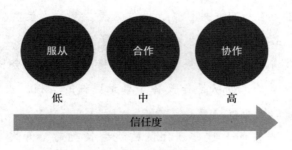

图 9-1　互动的三个维度

Jim 的一个好友讲述了一个故事:他 14 岁的女儿让他抓狂了一整天。晚饭后,父亲对女儿说:"轮到你收拾盘子了。"过了一会儿,父亲对女儿说:"为什么把脏盘子堆在那不管了?"女儿回答:"爸爸,你说收拾盘子,但没说要先洗啊!"

这是一个体现服从的绝佳示例:服从就是执行被分配的任务,但对后果不承担任何责任。女儿服从指示做事,一个字也不差,尽管她知道结果并不是父亲的本意。"不是我的错,我按照你说的去做了。"服从型的交流几乎不存在信任。因此,双方都试图达成详细的协议(大多数情况下就是合同)并通过遵守该协议来避免自己的"过失",即便他们知道遵守协议不会产生预期的效果。"不是我的错"是在服从中经常听到的借口。在 Dilbert[⊖] 漫画中,Wally 就是服从心态的象征。

合作型交流的信任度不高也不低:这种交流的信任度可能摇摆不定,也需要承担一些责任,但员工始终会留有退路,方便"甩锅"。合作型团队一

[⊖] Dilbert 是 Scott Adams 根据自身经验与读者来信创作的讽刺职场现实的漫画作品。Wally 是漫画中的一个人物。——译者注

开始不在意书面协议，但当麻烦隐现时，他们就会退而求其次地采用协议。

真正的协作交流源于长期以来建立的高度信任。这种信任度可以经受住考验。无论信任程度如何，人与人之间的交流都不可能完全畅通无阻。秘诀在于通过对话消除障碍并负起责任。协作型团队在其权责边界内对交付成效负全责。他们从不会找借口，也从不会责怪个别团队成员。

自治团队努力追求信任度最高的协作关系。团队成员之间以及团队与管理层之间需要建立协作关系。自治团队不是因为"你们现在就是自治团队了"这样一句声明就宣告成立的，而是源于通过行动和交流建立起来的信任和责任感。

9.2.3 责任与自治

管理者和团队成员双方都会在责任和自治上角力。管理者难以放弃决策权。考虑到团队可能缺乏管理经验，管理者担心团队能否做出正确的决策。他们关切的是，团队成员是否会认真对待他们的责任或承诺，因为一旦出现问题，管理者将为糟糕的决定独自承担责任。而对于团队成员来说，他们担心管理者不会给予他们足够的自主权——管理者虽然经常这样承诺，但实际上不会真的这样做。团队成员还可能会担心因为自己无法控制的事情而受到指责（他们没有意识到，极少有人可以真正"控制"一切）。团队成员担忧的是管理者不先与团队商量就做出不合理的承诺。

无论是团队还是管理者都不可能在一夜之间完成自治。他们必须建立充分的信任关系，才能让彼此心里的石头落地。你可以用 Bruce Tuckman 于 20 世纪 60 年代提出的团队发展模型来看待这一过程：团队的发展要经历组建期（forming）、激荡期（storming）、规范期（norming）、执行期（performing）四个阶段。正如团队需要时间才能达到"胶冻"状态一样，团队与管理层之间的关系也需要一定的时间才能达到"胶冻"状态。在这种不断巩固的关系中，信任（正如 9.2.2 节所定义的）至关重要。前面提到的大多数角力的根本原因都是缺乏信任。你甚至可以将信任度（服从、合作、协作）与 Tuckman 的模型进行粗略的对照。在组建初期，团队几乎没有信任，每个人都以服从心态行动。在激荡期，人们试图更好地理解和认识彼此。在规范期早期，有可能达到合作所需的信任度。在规范期的尾声，当向执行期转变时，信任度达到了真正的协作水平，团队和管理层都可以高效执行。当然，团队发展并非一蹴而就，而是可能需要数周甚至数月的时间。

虽然构建自治团队的实施策略各不相同，但我们建议用一种方法来加快这个过程——"信任优先"。通常情况下，管理层倾向于明示或者暗示团队："当你可以证明你能对结果负责时，我才会给你更多的自主权。"与此同时，团队成员的想法是："你的自主权只是空头支票。我们要等到它兑现后才愿意承担责任。"正是这些行为拖慢了自治团队的建立进程。这里还有一套更好的解决方案。一方面要让管理者相信："团队会对结果负责，除非有证据证明它做不到。而且，考虑到团队才刚刚组建，一定会遇到一些问题，所以我会给团队留出调整的余地，直到我们所有人都了解应该如何运作。"另一方面需要团队成员认同："我们将从一定程度的信任开始，并努力探索自治在我们所处的组织中的意义；我们将尽最大努力对自己所承诺的结果负责。"第二套方案可以概括成一句话："我们首先要相互信任。"

自治与责任同在

与我们合作的这家金融服务公司团队正在践行敏捷实践，并努力学习如何更加自治、更具有责任感。在迭代计划会议中，产品管理副总裁临时进来，强调在此次迭代中准备给重要客户演示的用户故事一定要完成。副总裁离开后，团队分析了这些用户故事并赞成完成这些任务，团队向副总裁和经理汇报了他们的计划。在为期两周的迭代的第一周结束时，团队遇到了困难，尽管他们在第二周很努力地工作，但故事的目标仍旧没能达成。

副总裁和管理者对此感到失望，尤其是在团队做完汇报之后，他们得知团队成员在第二周每天下午5点就正常下班了。团队只需要加几个小时班，就可以完成这些用户故事。尽管并不建议长期加班（即使在许多公司中加班仍是常态），但如果不加班团队就无法兑现自己的承诺。

> 团队内部应该达成一致，承诺花费一些额外的时间来完成这些故事。责任的一部分就是尽可能兑现你所做出的承诺。这件事破坏了团队与副总裁间的关系，也降低了团队与管理者之间的信任度。
>
> 　　当然，导致这个问题的原因有很多方面。如果我们认为估算总是错的，团队总是需要工作到很晚，那么团队就会在估算时注水，但我们并不想让他们这样做，因为我们希望管理层能够信任他们。因此，应该让大家坦然地说出"我们的估算是错的"，然后团队和管理者通过协作来决定接下来的行动。加班是一个解决方法，但并不是唯一的选择。

9.2.4　创造培养自治的环境

　　领导者可以采用多种方式来培养自治，例如让团队自己制定计划，自己决定做什么、谁来做，自己决定是开发还是采购，以及如何将他们的工作与其他团队整合。在《驱动力》一书中，Daniel Pink 讨论了一家实践 ROWE（Results-Only Work Environment，只问结果 / 以业绩为导向的工作环境）的公司。这家公司的员工可以完全自主地选择工作时间。只要达成工作目标，在何时何地工作无关紧要。但是，你可能想知道他们如何参与其他团队的协调会议：如果每个团队的时间表都不一致，如何安排？

　　这个问题可以有多种解决方案。一种方案是为这些会议设置一个公共时间段（比如上午 10 点至下午 3 点），在这个时间段内，每个人都应该在办公室。或者，既然团队对分配给他们的成效做出了承诺，那么你大可以任由他们（信任他们）自己想办法协调。

　　创造鼓励自治的环境需要杰出的领导力，尤其是在传统团队转型的过程中。一开始，有些团队既不希望获得权力也不想承担责任，因为他们或多或少都不信任领导者。他们担心没有权力的责任。相比之下，领导者害怕在失去控制权后，团队会做出不明智的决定或推卸责任。EDGE 的流程和实践或许非常容易在组织中实施，但自治团队和适应性领导力的落地则会异常困难。

9.3 EDGE 团队

团队的共事方式源自组织结构。决策缓慢的层级组织将无法生存,孤军奋战也不是办法。敏捷/精益围绕的是自治、自给自足的团队(这是 EDGE 的核心原则)。这是 EDGE 从投资组合管理转入运营模式领域的切入点之一。明智的创新投资固然重要,但举措的管理方式也必须改变,无论是在交付团队层面,还是在高管团队层面。

当采用 EDGE 时,组织结构和角色均需要与组织的目标对齐。自给自足的团队(成员都是领域专家)确保其视角全面,因此可以尽快地做出明智的决定。不同的视角提高了创新解决方案落地的成功概率。

EDEG 的运营模式是信任团队,即相信他们可以根据业务目标、财务指标约束以及开发过程中积累的经验做出明智的选择。对个人而言,需要通盘考虑投资组合的各个层面(目标、投注、举措)。对传统组织而言,这将是一个巨大的转变,因为它们往往按照市场营销、库存管理、信息技术、产品开发等职能划分部门。

9.3.1 价值实现团队

价值实现团队(VRT)取代了项目管理办公室或投资组合管理办公室(PMO),它在变革中发挥了至关重要的作用,通过对新组织的合适类型提供支持,帮助现有组织逐步向新组织过渡,持续提供指导和咨询。价值实现团队与传统的 PMO 不同,它并不以管控为导向,而是强调协商和引导。你可能会问"为什么要从 PMO 切换到价值实现团队"。如果只是改个名字,而做事方式不变,那么完全没有必要这样做。但是,如果你试图将文化从以管控为主转变为以引导为主,那么使用新名称有助于弥合其中的差距,它可以将现有的治理流程的约束转变为有益的行动支持。

价值实现团队致力于加速价值交付。它的主要职责是促进 EDGE 工作流程,保证 EDGE 方法和交付物的完整性,指导并培养人们持续学习的心态。归根结底,投资组合负责人和交付团队都有"解决问题"的权力。

> **价值实现团队的角色**
>
> - 支持敏捷/精益实践和持续学习的心态。
> - 促进投资回顾和调整。
> - 促进工作流转。
> - 分享可视化的投资全景图。
> - 分享可视化的资源安排。
> - 共享绩效度量结果。
> - 培育实践社区。
> - 促进投资转向或终止。
> - 促进新的目标、投注和举措。

VRT的规模往往比传统的PMO要小,主要由教练、引导师和分析师组成。组建这样的团队意在解决组织范围内的系统性问题,减轻团队和领导者的负担,同时保持充分的组织治理能力。

组织治理和汇报都应该轻量而高效。价值实现团队帮助团队开发有意义的、能够快速创建的报表,并将其植入团队的交付过程。为了确保EDGE的完整性,价值实现团队还需要检查优先级排序是否始终如一,是否恪守原则、定期重新审查投资分配,以及人们是否履行了他们的领导力和"主人翁"职责。

混合技能团队面临的挑战是,团队成员需要一种方式以获取支持、谋求职业发展和共享技能。价值实现团队建立实践社区(CoP),这是一种跨领域的专业组织,可以将某个领域的实践者(业务——市场人员、财务人员、运营人员,或IT——用户体验人员、产品专家、开发人员)与感兴趣的人聚到一起。运作这些社区不是价值实现团队的责任,但团队成员可以为社区团体及其领导者提供指导和培训。

价值实现团队需要确保当前的投资状态可以通过查看信息源(报表)轻松获取。资源的分配和团队的进度也应该透明,包括共享哪些团队正在处理的投注和举措、哪些团队具有额外的容量。

9.3.2 投资组合团队

我们考虑得最多的是产品代码层面的交付团队，上至愿景下至交付的其他各个层级的团队却被忽视了。EDGE中各个层级上的流程和实践都是相似的，这如同分形，只不过各个层级需要围绕不同的工件来运作。例如，管理层确认的是目标及其优先级，而交付团队确认的是业务功能的小切片及其优先级，但它们的流程和实践基本相同。上至管理层下至交付团队，各种类型的EDGE团队都要做到协作、自给自足和自治。

我们需要统一语言，澄清一些定义和区别。每次谈到团队的时候都要区分"目标团队、投注团队和举措团队"实在太费事，所有这些团队可以用一个术语"投资组合团队"来概括。目标团队可以被称为高管团队，而举措团队也就是交付团队（交付团队的产品投资组合通常被称为待办列表）。特别要注意的是，同一个人有可能在多个层级的投资组合团队中发挥作用。每个层级的"团队"会有多个角色。在小型组织内，一个人可能在多个层级的团队中担任不同角色；在大型组织中，每个角色则可能由专人承担。

精益价值树上的"方框"是战略成效，它们需要各个层级的投资组合团队来确定和引导。定义战略成效的实现方式并不是高管团队和价值实现团队的工作。应该由投资组合团队来承担业务成效，并明确达成这些目标的最佳实现方式。

业务领域中充满了驱动力、约束条件和机遇，投资组合团队只有通过协作才能坚定地迈向最终愿景。他们负责定义成效，创造解决方案，并不断地交付。持续不断地学习、分享洞见和增进人际关系让投资组合团队受益匪浅，团队成员应该团结在一起。解决方案和方法的战略制定是一种紧密的协作，会随着时间的推移日渐成熟，并从延续性中受益。当投资组合团队参与多个举措时，团队应该保持其完整性。如果产品负责人要同时负责两个投注，那么和他合作来承担两个投注的也应该是同一个技术团队，而不是让另一个团队承担其中一个投注，由产品负责人来适应。

> **"团队"相关术语**
>
> **投资组合团队**
> 目标团队、投注团队和举措团队的总称。
>
> **目标团队**
> 自给自足的领导者团队,由代表技术、用户体验、产品、制造、运营和市场等各个领域的领导者组成,对目标成效负责。
>
> **投注团队**
> 自给自足的领导者团队,由代表技术、用户体验、产品、运营和相关的业务领域的领导者组成,对投注成效负责。
>
> **举措团队**
> 自给自足的交付团队,由开发人员、设计师、产品人员、架构师、律师、市场人员和测试人员组成,也被称为交付团队或产品团队。

高管团队或目标团队

高管团队或目标团队会与其他领导者协同设定整体愿景,拟定精益价值树的信息,并大范围地为目标分配投资(大型组织会有多个投资组合)。该团队包括组织的高级战略前瞻者,既有业务专家,也有技术专家。

高管团队积极制定顶层战略,其成员不仅仅是批准员工制定的计划。团队中必须有高层领导者直接参与,但他们不可以控制设计和交付,这一点至关重要。高管团队应当通过澄清可达成的落地目标来引导其他团队,还应当做出资金分配的选择。

高管团队或目标团队通过设定与价值相匹配的 MoS 引导组织实现目标。然后,由投注团队和举措团队决定如何在这些度量指标的引导下达成目标。

投注团队

第 4 章引入了"投注"一词,强调以试验而不是计划来应对未来的变化。投注团队定义了目标之间的关键连接,这些目标就是对未来的高层级的憧憬以及预期成效的具体组成部分。与其他团队一样，投注团队应该也是自给自足的。团队还应包括在创新、试验和获得良好反馈这些方面有经验和有兴趣的成员。

举措团队或交付团队

举措团队或交付团队的成员应具备可以完成举措（如可工作的软件）所需的主要能力。团队对一项业务成效负责，而不是对一段固定的代码或一项固定的技术负责。团队应该同时拥有产品和技术角色。团队中的某些角色可能不需要全职投入，如律师、运维人员、安全人员，承担这些角色的成员可以同时为多个团队服务。在此类情况下，他们应该服务于相同的投注和目标分支，这样他们的工作会更加聚焦也更容易对齐，而不要像"撒胡椒面"一样让他们的精力过于分散。

自给自足的协作带来更好的成效

我们曾与一家零售企业合作，该组织希望换掉总部的遗留系统。在以往的工作方式中，产品和用户体验设计都是先行的，得到批准后才会被交给开发团队。开发团队会对设计进行评审，并估算开发工作量。这些信息会被提交给产品团队去申请资金，而实际获得的资金往往比申请的要少得多。随后，团队将花费大量的时间开会讨论如何缩小范围、如何牺牲功能，直到得出申请到的预算可以支撑的产品范围。

在新的工作方式下，自给自足的管理团队（用户体验、技术、流程和产品）全权负责，为产品设定愿景，包括产品用户体验的要求、业务可行性的要求以及技术可行性的要求。"盒子里的四方"工作模型描述了定义产品所需的各方观点，而这个产品是可以增量交付的，以周为单位而不是以月或年为单位实现价值。

在产品探索的过程中，我们发现消费者的需求正在发生变化，通过移动端访问重要数据的需求大大增加，这能帮助客户做出更佳的业务决策。我们能够挖掘出更大的机会点：将现存数据开放给移动设备有助于

> 客户更快地做出决策并尽早实现客户价值。决策点发生了变化,从"替换遗留系统需要多少预算"转变为"我们能在多短的时间内为客户交付价值,而不是构建原有系统的对等功能"。为了以这种新方式工作,公司需要综合运用多样的知识来共创解决方案,这些知识包括产品认知、用户体验、技术和流程。这种以全新方式共创出来的方案要比用户原有的方案优秀得多。

9.4 协同的、自给自足的决策

当下组织的绝大多数决策都是通过以下两种方式之一完成的:

1. 授予个人特定领域的决策权,所有的决策将通过此人。因为无须讨论,所以在这种方式下往往可以在最短的时间内做出决策。但是,因为决策需要排队等待,所以有时这些决策者可能成为组织中的瓶颈。这种决策方式可能出现一种失效模式,即决策权成为当下组织中的政治斗争手段。

2. 群体决策。通常,团队成员均对某个主题感兴趣,或是有能力或有意愿参与决策。在必须对主题进行辩论或讨论的时候,群体决策会花费较长的时间。有时,成员缺席或分析停滞会延误决策。这种决策方式是:由于妥协行为,最终的决策降低到了每个团队成员所能将就的底线。从积极的角度来看,决策质量往往会得以提高,毕竟三个臭皮匠抵得过一个诸葛亮。

你希望团队可以自治,并且通过创造性的思考做出他们认为正确的决策。但同时,你也希望领导者有所成长,他们知道如何在必要的时候介入,并引导团队朝着积极的方向发展。决策者和决策流程需要在响应力和决策质量之间取得平衡。人为因素一方面是选择多少人参与决策,另一方面是采用的决策流程。一个多人参与但运作良好的流程要优于仅有个别人参与但运作糟糕的流程,前者可能会更快地做出决策。同样,一群毫无准备并且与成效没有利害关系(甚至与目标冲突)的人做出的决策未必会比某个对结果负责的人做出的决策更好。

自治团队拥有很大的决策自由度。因此，随之而来的问题是：这些团队如何做出"好的"决策？本节的标题已经点明好的团队决策的两个关键因素：自给自足的专业知识和协同决策。

缓慢的决策

若干年前，Jim 曾为爱尔兰都柏林的一家软件公司提供咨询服务。管理层担忧开发人员缓慢的工作进度，需要一些改进建议。在与管理者、团队负责人和开发人员交谈之后，Jim 确定了问题并不是开发人员慢，而是管理层决策慢。每当需要做产品决策时，即便是相当底层的决策，开发团队也必须交给硅谷总部的员工来决定。由于总部的员工都有自身的工作优先级，与爱尔兰的团队也没有日常沟通，因此即便是很小的决定也往往需要等待数周，这导致开发团队倍感沮丧。这种情况会引发这样的评论："他们好像并不在乎这些决策，那我们为什么要做呢？"显然这会导致工作进展缓慢。

Jim 为该团队及其管理层提出了三点建议：收集有关请求延迟时间的数据；分析数据以建立新流程，提高这些请求在总部的优先级；授权给爱尔兰的团队，让他们可以自己做出更多的日常决策。这些建议快速地得到了实施，结果决策响应、功能交付都变快了，团队士气也得到了提升。

前面的故事说明了做出良好团队决策的一些因素：
- 具有自给自足知识的成员。
- 多样化的社会视角。
- 参与者之间的信任和尊重。
- 参与者能听取他人的观点。
- 善于鼓励他人广泛参与的引导者。
- 自愿的参与者。

自给自足的知识

组建自给自足的团队远非把不同技能的人组合在一起那么简单，这需要整个组织管理层的关注。例如，将技术人员和业务人员凑到一起便是一种挑战，因为他们之间总是充满了剑拔弩张的气氛。如何在满足时间、成本和质量限制的同时满足业务目标？如何在满足客户需求和引入良好的技术实践之间获得平衡？极限编程的实践者倡导许多技术实践，如重构和结对编程。相比之下，Scrum 的实践者则要先从迭代计划和每日站会开始。敏捷实践的拥趸担心，敏捷技术实践在许多落地过程中都被低估了。从敏捷社区内部经常发生的激烈辩论可以看出，拥有业务背景的人和拥有技术背景的人往往持有不用的观点，很难将他们融为一体。但是，能够平衡并整合两股力量的组织一定会取得成功。

　　自给自足的团队应具备交付产品所需的知识和技能。但有时，团队只是在一段较短的时间内需要一些特殊的知识。这种情况下团队也要对这种特殊的知识做到自给自足吗？这取决于依赖程度。团队应该具备足够的自给自足的知识面和决策权力，让他们尽量少依赖其他职能领域或者职能团队。试想一下在传统组织中，业务分析师、开发人员、测试人员和运营人员在独立的职能团队中做事。这些团队在非常低的层次上互相依赖。即便他们可能朝着同一目标努力，也不可避免地有不同的工作优先级。他们会有不同的流程和绩效指标，这些指标更多地关注职能部门的功能交付而非成效。在这种组织架构中，你会尽最大的努力减少团队间的依赖性来避免不值当的低效浪费。极端情况下，会出现完全没有依赖关系的团队，即完全自治的团队。但是这种方式往往会造成专业资源的利用率不高，比如安全团队，因为团队并不是随时随地都要依赖他们。

　　业务分析师、开发人员、测试人员和运营团队之间的矛盾随处可见，同时由于职能绩效指标牵引不能产生预期的成效，冲突越演越烈。我们曾见过这样一个案例：某种情况下，业务分析小组的绩效某种程度上以按时交付"完整"的规范文档来衡量。业务分析小组自然极少与开发团队交流。而且，一旦文档"完成"，业务分析人员便不愿对其进行修改。相比之下，自给自足的团队致力于最大限度地减少依赖，并尽可能实现对成效的共同承诺。

多样化的社会视角

仅有自给自足的知识是不够的，还需要多样化的视角。每一位管理顾问都会指出，世界正在变小，企业需要多样化的社会视角，包括基于地域、国家、种族、性别、宗教，性取向等，本书作者也赞同这个观点。

> **多样化能改善团队决策**
>
> 团队做出的决策比个人做出的决策要好 66%。
>
> 全是男性的团队有 58% 的可能性做出更好的决策。
>
> 年龄、性别、地域多元化的团队有 87% 的可能性做出更好的决策。
>
> —— Cloverpop 的研究报告，"Hacking Diversity with Inclusive Decision Making"，www.cloverpop.com

截至 2019 年年初，ThoughtWorks 在 14 个国家和地区拥有 5000 多名员工。在为跨国客户提供服务的同时，ThoughtWorks 将中国、印度、欧洲、北美、澳大利亚、巴西等国家和地区的全球化视野带入客户的业务活动中，这一点至关重要。也许这样做可能会花费更多的时间，甚至有时也会遇到挫折，但在数字化转型中引入多样化的社会视角对扩展自给自足的知识面的意义非同寻常。

也许有人会说，年龄或性取向这类特征的视角在商业环境中站不住脚，这一点我们不敢苟同。人一生中大部分时间都在工作，所有这些独特的视角都与他的工作关联紧密。正如很多企业展现的那样，重视这些观点可以带来积极的社会变革。

信任与尊重

为了让团队有效运作，成员间需要信任和尊重。尊重意味着必须接受甚至赞赏他人，因为他们所拥有的知识和技能可以为团队做出贡献。信任是相信他人值得信赖，信赖他们定会尽其所能完成自己的承诺。

在技术驱动的世界中，技术技巧、技术知识和技术能力都至关重要，这会导致组织形成以技术为中心的精英制度。

以技术为中心的精英制度的潜在弊端是缺乏对"他人"的尊重。开发人员可能不尊重测试人员，项目经理可能不尊重开发人员，技术人员可能不尊重产品管理人员，硬件开发团队可能不尊重软件开发团队，交付团队可能不尊重管理团队。

团队间存在某种程度上的对抗是健康的，但其间的不尊重会损害协作。Jim曾引导一场异地的新医疗器械设计会议。其间，几位硬件工程师对软件开发人员出言不逊。一位硬件工程师在听到这些不友好的评价后，赶紧打圆场："哦，我们说的不是我们团队中的软件开发人员，我们指的是办公室里的那群人。"

尊重并非意味着所有的团队成员都为成功做出同样的贡献。例如，在一个篮球队中，既有Lebron James这样的巨星，也有普通队员。如果没有普通队员，明星队员也不可能获得成功，但每个人都知道明星队员才是终结比赛的人。在优秀的团队中，即使认识到成员的贡献程度不同，他们也会相互尊重。团队的成功离不开每个人的贡献。

听取他人的观点

创新始于集思广益，即使是糟糕的想法也值得一听。开放的心态与信任和尊重密切相关，一旦缺少信任和尊重，将难以做到心态开放。团队成员需要一个基本的信念，通过将多种观点整合到最终产品中，想法可以不断地被完善。

允许多样化视角的发声

几年前，Jim曾在一家大型航空公司引导设计会议。团队以14∶1的投票结果做出了临时决定。通常，出现这种压倒性的投票结果后，团队将会开展后续工作。但在这个案例中，一位团队成员还是询问了团队中安静的、很少发言的唯一反对者为什么会投反对票。结果这位反对者拥有其他成员都不具备的领域知识和经验。当他结束发言后，所有人都被说服了，重新投票的结果变成了0∶15。

我们曾与一个团队合作,该团队的一位成员经常反对其他人的想法,理由五花八门。这是因为他对自己的领域非常熟悉,很容易对这些新想法"挑刺"。显然,这对于其他团队成员表达个人想法是不利的。有一次,我们挑战这位"摇头哥":"今天,我们不希望你挑其他人的'刺'。我们希望你只提出自己解决问题的想法。"结果他完全做不到!由此他意识到产生新的想法是非常困难的,随后他的负面评论缓和了许多。

这并非要忽略想法中存在的问题,而是希望鼓励各种各样的创意,之后再来讨论这些想法的实施细节。刻意设计的流程也有助于集思广益,比如,可以将产生创意和分析创意分成两个流程。

引导者

为了提高效率,每个自给自足的团队都需要至少一位娴熟的引导者。团队会举行很多不同类型的会议:日常会议、头脑风暴、回顾会议、演示会[一]等。某些类型的会议,尤其是大量人员参与的会议,需要较高的引导技巧。理想情况下,团队中会有人自告奋勇,乐于学习和提升自己的引导技巧。他们会关注每个人的参与度,保证会议的进程,并推动与会者做出良好的决策。好的引导者清楚地知道,干巴巴的、毫无成果的冗长会议与活力满满、及时产生结果的会议之间天差地别。一位优秀的引导者可以将一群人凝聚成为"胶冻"团队。团队仅仅拥有具有适当的自足技能和经验的人还不够,还需要有人可以将他们整合到一起。每个自给自足的团队都需要具备引导技巧的成员。

决策缓慢

一个关于协作决策的老生常谈的问题是决策时间过长,有太多的讨论,且不够果断。尽管这可能是个问题,但优秀的团队应该知晓决策的过程实际上可以更快:

- ❑ 某些决策可以由部分团队成员甚至领导者来做。
- ❑ 如果每个人都参与决策,他们在实施时会更加坚定地履行承诺。

[一] 在迭代的最后举行的演示会,用于向用户或客户演示可工作的应用程序。

❑ 决策缓慢通常是由对目标或 MoS 理解不充分导致的。
❑ 决策缓慢通常是由糟糕的引导导致的。

当人们抱怨团队决策缓慢时，他们往往抱怨的是一次性的决策，而不是团队需要做出的一系列决策。优秀的团队通过对目标、投注、MoS 和其他上下文的持续地正确解读，不断加速每一次的决策过程。他们无须在每次决策时再来重新理解目标、投注以及 MoS 的含义。一开始，这些讨论可能需要花费较多时间，但随着整个团队对项目的理解越来越充分，讨论所需的时间也会越来越少。如果团队还在就目标和其他更底层的规则持续不断地争论，那么这明显是出了问题。这样的情况就好比敏捷团队迷失在每周的迭代细节中，失去了对成效目标的跟踪。

在无法自给自足的团队或异地办公的团队中，可能需要几天甚至几周的时间才能安排会议并讨论决策。跨地域的敏捷团队通常会在各个地点建立物理或电子看板，他们利用每日站会的现场做出小的决策，或快速召开会议讨论更为重要的决策。此外，在成员无法近距离合作的传统团队中，成员之间通常不太了解彼此，因此在决策时他们需要花费更多的时间来理解对方的观点。

参与的意愿

你是否发现团队中有些成员喜欢坐在角落里独自工作？不愿参加会议或小组讨论的人也是他们。当然，人们都需要独处的时间，但这和不合群不一样。我们曾经与一个客户合作，他们的开发人员都有单独的办公室，当有人敲门问"我可以问个简单的问题吗"时，得到的回答往往是"请发邮件给我"。这家公司的技术精英文化已经深入骨髓，员工几乎没有丝毫与他人交流的动力。长期以来，这家公司获得了巨大的成功，但也是在那段时间里，它的业务创新受到了影响。

个人全身心投入团队的程度决定了团队成功的程度。但也可能出现过度参与的情况，过多的会议会消耗团队成员对团队活动的热情。和其他领域一样，"平衡"是关键。

9.5 组织与业务能力保持一致

LVT 对齐了各个层级的客户价值成效。大多数传统的业务和技术组织都是按照职能设计的组织架构。例如，在 IT 交付团队层级（举措）上，组织架构往往是按职能（开发人员、测试人员、设计师、数据库专家等）划分成部门的。职能部门中的每个人大多是在多个项目团队中兼职，他们对职能部门的认同感要大于对项目团队的认同感。项目团队倾向于在项目期间保持在一起。IT 团队中的职能划分体现的是软件开发的瀑布模式或串行模式中开发的各个阶段。

围绕成效对齐的 LVT 和按照职能划分的组织会造成人员安排与期望成效的不一致。依据组织敏捷实践的成熟度，你可能已经打破一些孤岛：开发人员、保证质量的测试人员，以及分析师或产品人员可能已经同属于一个项目团队。如果你的组织采纳了持续部署和演进式架构，企业架构师和交付基础设施团队可能已经与项目团队展开合作。图 9-2 展示了 LVT 各个层级自给自足团队的人员组成。

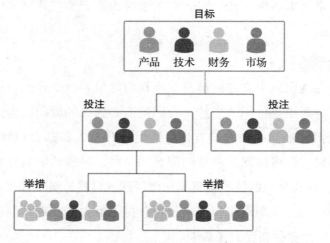

图 9-2　LVT 各个层级的自给自足团队示例

伴随着组织向以客户为中心的转变，市场营销和设计职能开始在跨团队协作中发挥至关重要的作用，有效地平衡了业务需求、客户需求以及打造卓越产品的技术实践需求。因此，在新组织中，你需要：

- 将自给自足的团队制度化，将它们扩充成和产品或业务能力对齐的长期团队。
- 让投资组合团队更多地参与业务，将精益理念延展到业务中。

组织的首个显著转变是从职能团队向自给自足团队的过渡，尽管一开始许多敏捷团队[1]成员仅限于技术角色。在敏捷软件开发方兴未艾之时，支持者就建议采用跨职能（如今是自给自足）团队。早期的敏捷团队可能更加重视用业务术语编写故事（用户需求），但并不重视业务成效。敏捷项目往往还是根据传统的项目管理实践进行管理，其中包括度量范围、进度和成本是否如期完成。尽管这些敏捷方法比传统开发方法有了很大的效能提升，但仍旧有很大的提升空间，因为它改善了交付，却没有交付正确的业务成效。

组织架构对齐方向的第二种转变是从以项目为导向转向以产品为导向，如图 9-3 所示[2]。这一步扩展了项目团队的技术领域，尤其是产品人员和技术运营人员的加入。敏捷团队从一开始就要考虑根据客户价值确定故事优先级并完成交付。技术组织开始从项目导向的组织架构切换到产品导向的组织架构。凝聚在一起的产品团队存在的时间通常要比项目团队长得多。组织架构和业务成效会对齐得更好，但还会有更多的事情需要做，包括提高业务参与度并最终和业务的组织架构对齐。伴随着组织向以客户为中心的转变，市场营销和设计职能开始在跨团队协作中发挥至关重要的作用，并需要有效地的平衡业务需求、客户需求以及打造卓越产品的技术实践需求。

从……	到……	或是到……
成立技术团队以完成短期项目，专注在满足利益相关者设定的时间、成本和质量三方面约束条件的同时完成交付。	具备产品、技术、运营能力的自给自足的产品团队，他们交付的是客户价值。	具备自给自足的技术、产品、运营和业务能力的能力团队，他们专注于业务价值的交付。

图 9-3 组织向与产品和业务能力对齐演进，并从投资中获取最大的价值

---

[1] 非敏捷团队也经历了从职能团队到跨职能团队的过渡。
[2] 政府和非盈利性组织等单位希望将"客户服务"一词替换为"产品"。

当组织致力于实现目标成效时，从项目到能力的第三种转变随之而来。组织的业务领域和技术领域都会发生这样的重组。这种变化往往是伴随着组织转向客户驱动由外到内产生的，而不是由内到外产生的。期望的客户价值成效将由业务能力和技术能力共同支撑，而不是由不同的职能部门来支撑。

在线零售公司的业务能力可能包括订单处理、销售、目录管理和客户账单等。除非业务发生巨大变化，否则这些能力在很长时间内都是必需的。因为零售公司将始终具备销售能力，所以它始终需要支撑和扩张这些能力的数字化资产。从逻辑上来说，这会导致技术团队和业务团队长期致力于支撑此能力，从高管到交付的每个层级都将如此。另一个例子是库存管理的职能和订单履行的业务能力的区别。履行一份订单涉及许多业务职能，比如库存控制、会计和运输。

对于组织而言，最大的转变是人员从被分配到"兼职"的临时项目变成被分配到长期的专职产品和业务能力领域。但这并不意味着人员无法流动，团队需要更加专注于产品和能力领域。人员当然可以流动，但是要以一种负责任的方式流动。角色必须有备份，而且在人员进入新领域时必须提供充分的时间让他们上手。

我们更青睐长期存在的产品和业务能力团队，他们守护着自己领域的举措和资产，这样不但可以创建和部署一些成果，还可以提供后续支持。这将鼓励团队肩负起技术债管理和质量实践的责任。团队可以更快地回收资产，从而省下资金和运维时间。长期负责有助于持续创造价值。

在许多组织中，特别是在软件产品公司中，对齐产品与对齐能力的两种团队显然是并存的。对于产品，软件公司可能会选择与产品对齐来保持客户价值的适应度函数；对于内部应用，它则会选择与能力对齐。

重组的终极目标是打造一个长期的技术团队来支撑产品和业务能力，并根据客户价值成效的达成情况衡量成功。你可能无法在每个业务领域都达成这样远大的目标，但越来越多成功的数字化企业将接受这种方式的转变。

9.6 结语

在 EDGE 中，我们一直致力解决的三个关键问题是：如何投资？如何快速适应？如何协作？你可能拥有一套非常成熟的投资组合流程，但如果没有正确的组织架构调整，投资组合会在实施前一刻付之东流。

本书并非关于常规业务，而是和数字化转型有关，后者意味着创新、创造力和速度。但只有自治团队、协同工作和协同决策三管齐下，再加上将在第 10 章介绍的文化变革，才可能取得这些成果。不断地解决合作问题将推动数字化转型的持续成功。

Chapter 10 第 10 章

适应性领导力

本书要回答的关键问题之一是：我们如何足够快速的适应？与 5 年前不同，如今对于速度的要求更高。要在加速变革的同时谋求生存和发展，需要在响应变化之上建立领导力文化。无论是响应新的机遇，还是对竞争对手的新品发布做出反应，足够快速的适应一定是你的战略目标之一。

当成效变得飘忽不定，而方案百思不得其解时，就到了我们组建团队、追逐梦想、即兴发挥的时候了……新瓶装旧酒并不能带来变革。包装无法掩饰一切，变革源自更深层次的内容。⊖

10.1 什么是适应性领导力

诸多关于领导力的文献（书籍、文章、博客）中充满了陈词滥调。"从错误中学习"就是一个经典例子。过去 20 年里出版的每一本领导力书籍都在炒这句话的冷饭。因此，正如 Kanter 所说，我们需要再深入一点。到底

⊖ Rosabeth Moss Kanter. *e-Volve!: Succeeding in the Digital Culture of Tomorrow*. Boston: Harvard Business School Press, 2001.

是什么令适应性领导力文化的变革如此具有挑战性？

> 灵活性是创造变化和响应变化的能力，是在不确定和动荡的环境中取得成功的能力。[1]
>
> ——Jim Highsmith

我们从一个例子开始讲起。在敏捷运动早期以及现在的一些组织中，经理必须克服令他们感到不安的时机上的重大变化。在预先计划和需求规格设计的传统流程中，经理对项目的成功十分"放心"。他们认为："有了这些前期工作和详细文档之后，项目肯定会如期完成。"但是，随着项目的进展，当团队出现问题后，他们就会变得忧心忡忡。在项目临近结束时，测试通常会出现问题，经理会急得像热锅上的蚂蚁。

敏捷方法接受不够细致的计划中可能发生的不确定性，因此经理会在项目开始而不是结束时感到不适。EDGE 并没有打破墨菲定律，坏事总是要发生的。瀑布项目中的这种不适最终会变成恐慌。而敏捷项目解决了不确定性并交付了完整的功能，因此在整个项目生命周期中，不适的感觉会减轻。你可能会认为后者更易得到经理和领导者的青睐，但在某些情况下，这却是难以克服的变革。一家拥有 1000 名员工的软件公司（正在进行敏捷转型的企业）的一位中层发表了这样的评论："按部就班遵循计划的经理会得到奖励，即便他们知道计划是绝对无法达成的。而那些质疑计划且承认不确定性的经理会被指责不会'照章办事'。即便最终证明照章办事的经理是错误的，他们依然会获得较好的绩效。对上级管理层"希望"实现的糟糕计划的苟同，竟然完胜了务实的应对。"[2]

那么，什么是适应性领导力？几年前，Pat Reed 和 Jim Highsmith 在加州大学伯克利分校率先开设了适应性领导力的课程。这门课程涵盖的 30 多个主题可以用一张图总结，多个环环相扣、相互重叠的圆圈将所有话题串

---

[1] Jim Highsmith. *Agile Software Development Ecosystems,* Boston: Pearson Education, 2002.
[2] 我们通常称之为"基于希望的计划"。

联了起来。适应性领导力——这个话题我们从哪里讲起，应该讲些什么，又该在哪里结束？只要回顾一下过去 25 年有关领导力的所有著作，就知道适应性领导力的内容难以捉摸，这一点也不奇怪。

牢记你所面对的挑战——在爆炸性的技术机遇改变我们世界的此刻，向着数字化业务转变。敏捷宣言蕴含着改变了软件世界的理念，而这些思想奠定了适应性领导力的核心实质——人以及人和人之间的交互，交付真正的产品和服务（代码），调整和学习，还有以客户为中心。敏捷宣言使用了不同的措辞，但是这四条价值观构成了敏捷的核心理念。

> 数字化转型不是一个有始有终的项目，而是一个持续变革的过程。

真正的数字化转型需要对组织长期运作中形成的许多基本理念进行转变。改变适应度函数，拥抱以技术为核心，从项目思维向产品思维转变，组建自治团队——这每一项变革本身就是翻天覆地的变化，更不用说要一起完成这些变革了。

组织文化的缺陷是数字化时代企业成功的主要障碍之一。这是最近麦肯锡对全球高管的一项调研中的主要发现，强调了数字化文化的三个缺陷：职能和职能部门的筒仓化、惧怕承担风险、难以形成统一的客户观点并付诸行动。

——Julie Goran、Laura LaBerge 和 Ramesh Srinivasan，
"Culture for a Digital Age"，*McKinsey Quarterly*，2017 年 7 月

适应性领导者必须具备传递核心价值观的能力，还要能够阐明体现这些价值观的能力和实践。他们必须大胆地提出变革，并坚持带领其他人走出变革带来的困境。简而言之，你必须承担领导者的职责，以下面的这四种行为方式来领导他人：

❑ 鼓励适应性思维。
❑ 引领变革。

- 大胆革新。
- 激励他人。

就像第 1 章介绍的胆识型领导者那样，改变行为方式需要勇气。数字化转型离不开勇敢的领导者。前路荆棘遍布。转变思维、引领变革、大胆革新、激励他人、学习总结成功或不成功的经验——这一切都需要克服时艰、持续学习并不断前行。

10.2　鼓励适应性思维

适应性思维是假想 - 探索，而非传统的计划 - 执行。

敏捷宣言在描述优先的举措时非常明确地采用了"胜于"一词，而非"代替"。"胜于"一词表示一方比另外一方更为重要，但不是说另一方不重要。某些情况下，计划 - 执行的思维方式是合适的，然而假想 - 探索仍将是适应性领导者的主导思维。

假想 - 探索也可被称为假设 - 试验，尽管后一种说法有些拗口。假想针对的是可能性、外在客户、价值、业务成效导向和蓝图方向，而探索针对的是对变化的开放态度、响应力、自治和学习能力。计划 - 执行则会令人想到内部汇报、结果指标、对威胁的反应、委派和详尽的任务导向。

简而言之，资深高管必须让企业和自己都摆脱过时的命令与控制的管理方式和组织结构，这些管理方式和组织结构与当今高速发展的数字世界格格不入。

——Oliver Bossert、Alena Kretzberg 和 Jürgen Laartz，
"Unleashing the Power of Small, Independent Teams"，
McKinsey Quarterly，2018 年 7 月

精益价值树（LVT）中采用的"投注"一词强化了试验的想法。给定一个特定的目标（目标本身可能会改变），你就可以在实现目标的最佳举措上

"投注"。有些投注会成功并产生价值，有些需要减少投入，而另一些则需要进行重大调整（转向）。

数十年来的计划－执行的文化难以被颠覆。人们都向往确定性，不喜欢模棱两可。承认"我不知道"并不会取得管理上的成功，反而会被冷嘲热讽。适应性领导者必须克服关于"不知道"的负面含义，可以用更加积极的方式来表达："我理解愿景，知道我们将在前路上不断尝试并获得最终的成功。"适应性领导者要帮助团队建立自信，相信他们有方法、有能力解决问题。

传统的计划包括时间表和成本。适应性领导者不会完全摒弃这些，而是将它们重新定义为约束条件而非最终目标。这些约束条件是真实存在的，并会影响投注和举措的实施。短迭代对试验之所以至关重要，是因为它会迫使团队尽早且频繁地做出艰难的决定。

假想－探索定义了一个试验的过程，可以通过这个过程的迭代获得更好的解决方案。但是，它也可能来回反复却得不到更好的解决方案。当没有明确目标时，探索就会漫无目的，导致无休止的调研。只有目标足够宽泛，探索才有意义，但目标又要足够聚焦才能被达成。好的成功度量标准可以让目标变得更加聚焦，并确保解决方案能够交付价值。这些度量标准也让团队具备了判断能力——判断他们是距离期望的成效越来越近，还是与之渐行渐远。换言之，成功的度量标准（MoS）是 EDGE 转向机制的指南针。

探索则是交付成果的过程，无论是交付软件、服务还是其他类型的产品。在软件业务中，敏捷交付是体现探索的方法。它着重于速度、学习和调整，这正是试验所需要的。在机会、歧义和不确定性都呈指数级增长的当今世界中，试验文化（以试验为指导的文化）一定要渗入到企业文化当中。第 2 章讨论了试验的技术组件。但是，没有领导力的支持和鼓励，即便使用最好的探索工具也终将无济于事。

精益价值树中的第二层项目被称为投注。敏捷团队先讨论假设，然后对其进行验证。用"投注"或"推测"代替"计划"，承认规规矩矩的计划在当下这个充满不确定性和变化的时代中不再有效。将投注和举措视为试验，有助于克服对计划的偏见。第一步是转变你的计划和执行策略。

> 你无法消除不确定性；你需要通过试验进行验证。

10.3 引领变革

本书包含了若干对数字化转型至关重要的概念和实践：
- 客户价值的适应度函数。
- 自治团队。
- 产品思维。
- 以技术为核心。
- 运用 LVT 和 MoS 进行投资组合管理。
- 协同决策。

所有这些领域都需要变革，而变革需要引领。第一要务是思考这些变化带来的影响。作为领导者，有些变化可能应对起来相对容易，有些则说起来容易，做起来难。例如，改变适应度函数可能听起来很容易，毕竟有谁会反对聚焦客户价值呢？然而，这一改变就需要转变数十年积累起来的实践、流程、个人信念和绩效衡量标准。

向自治团队的转变是适应性领导者需要支持和引领的变化之一。数十年来，有关团队协作和团队动力的著作层出不穷。Jon Katzenbach 和 Douglas K. Smith 于 1993 年出版的《团队的智慧》[⊖]一书重新唤起了人们对团队管理和如何提高团队效率的兴趣。自从敏捷宣言中包含了"人的交互胜于过程和工具"的价值观以来，敏捷的拥护者就一直倡导高效、自给自足、充分授权的自治团队。Daniel Pink 认为自治是三大动机之一。但是，与成为适应性领导者所需的其他转变一样，组建自治团队、明确团队的目

⊖ Jon R. Katzenbach, and Douglas K. Smith. *The Wisdom of Teams: Creating the High-Performance Organization*. Reprint edition. Boston: Harvard Business Review Press, 2015.

标和边界并帮助它们成长为高效的团队也相当困难。当团队被授予更多的权力时，领导者拥有的权力将不可避免被削弱。这是一个非常艰难的转变。

10.3.1 正视焦虑

引领变革中最难的角色之一是具备同理心的听众。变化的经济环境是进行数字化转型的动因，这是外部压力；实现转型需要对流程、组织和文化进行数轮转变，这是内部压力。领导者需要在边缘地带保持平衡：他们必须直面自己与员工的焦虑，既不能反应过度，使焦虑倍增，也不应该沾沾自喜，对焦虑视若无睹。

控制焦虑

2000年年初，Jim曾与一家研发手机操作系统软件的加拿大公司合作。这时手机市场才刚刚起步，电话公司提出的需求在不断地变化，而整个行业的标准也在不断地演进。因此，该公司的软件开发人员一直都处在焦虑和不安之中。

不幸的是，某些一线领导者加剧了这种焦虑。当听到员工"事情真的搞砸了"的言论后，这些同样感到焦虑的领导者回应道："事情毫无疑问是一团糟。"这种反应如同火上浇油。员工的"解决方案"是将需求冻结，从而减轻焦虑。但是，Jim指出冻结需求会令公司在市场上失去竞争力。

领导者要做的是正视这种焦虑，而不是附和"一团糟"的言论，与此同时他们也要提醒员工，动荡是这个市场的常态。领导者的工作是不断开展各种实践，令公司比竞争对手更好地应对市场变化，而不是掩耳盗铃，对变化视而不见。

几周后某个清晨，员工们走进办公室，发现到处都是气球。一位经理宣布"我们正在庆祝焦虑"，正如预期那样，这场活动帮助团队减轻了焦虑。

适应性领导力的每个方面几乎都要寻求平衡。你既要表现出对未来的信心，也不能忽视当下的现实。团队既要积极地思考自身的愿景和期望的成效，也要以开放的心态对待表明解决方案需要转向的数据。作为适应性领导者，你必须在焦虑和进度之间找到平衡。

10.3.2 克服恐惧文化

克服恐惧文化是试验和学习的最大障碍之一。

谷歌的一项研究⊖调查了高绩效团队的共性。心理安全是其中最重要的特征。这意味着团队成员都相信不会因犯错而受到惩罚。在创造的过程中鼓励积极情绪可以促进这种心态。Barbara Fredrickson⊜发现拥有这样的心态可以令大脑发现新的知识和技能，进而为解决问题提供新的资源。创造安全环境的领导者会培养思路开阔、富有创造力和充满活力的团队成员。大范围地培养这种心态可以构建一种学习型文化，从而感知并响应不断变化的外部环境。

> 勇气并非无所畏惧，而是需要判断哪些事情比畏惧更加重要。⊛
> ——David Robinson

落地试验性实践包括克服恐惧的文化，这种文化通常会被视为惧怕失败，但事实上人们惧怕的东西会更多。虽然我们表面上说的是对失败的恐惧、对削权的恐惧、对失业的恐惧，但这些恐惧背后是内心深处对不被尊重的恐惧。害怕不被尊重，尤其是害怕得不到同侪的尊重，葬送了很多团队。

技术竞技场地在很大程度上是精英制主导的，这是一把双刃剑。专业知识对于投注和举措的实施至关重要，但是专家可能会让自给自足的团队

⊖ Julia Rozovsky. "The Five Keys to a Successful Google Team." *re:Work*, November 17, 2015. https://rework.withgoogle.com/blog/five-keys-to-a-successful-google-team/.

⊜ Barbara L. Fredrickson. "Updated Thinking on Positivity Ratios." *American Psychologist* 68, no. 9 (December 1, 2013).

⊛ David Robinson. "Courage—Critical Success Factor for Innovation." Blog post, October 4, 2014. http://www.false-summits.com/?cat=20.

冲突不断，因为让不同领域的专家互相尊重是很困难的事。很多时候，他们虽然没有说出来，但心里却会想："如果你不懂我的专业领域，就别指望我看得起你。"

精英制、创造力、多样性和尊重，这四个概念的相互作用推动了试验的成功。首先，技术复杂性需要专业知识（软件技术"栈"的复杂度在十年间呈指数级增长）。其次，你需要多种形式的多样性：各类技术专家、各种业务和技术能力，还有社会多样性（性别、种族、地域等）。多样性越丰富，潜在的创造力就越大——除非同类的多样性圈子阻碍了团队变成"胶冻"团队。尊重通常仅存在于"我的"群体当中，这种狭义的群体往往是由特定的技能来界定的。从技术的角度看，你可能会想到开发人员和业务分析师：获得群体内成员的尊重不难，但获得对方群体的尊重却很困难。想想工程师和市场营销人员：通常这些专业人员对彼此的专业知识都"不感冒"。

试验的心态承认我们遇到了困难却还没有解决之道，解决这样的困难需要创造力和多样性。尊重和信任能够帮助我们克服试验中经常滋生的恐惧。专业能力需要尊重，而执行则需要信任。"我尊重的是你可以帮到团队的能力，也信任你会完成答应要做的事。"自给自足的团队的优势在于可以学习他人的能力，从而增加了对他人的尊重。

Jim 曾担任过一家小型初创公司副总裁，主管销售和市场。"这份工作对我来说还很陌生，回想起坐在会议室里，面对着一群潜在的客户，他们是来自西海岸一家大型公司的技术经理和律师。执行总裁会前的叮嘱还在耳边，如果这份合同我没能签下来，我们下个月就要喝西北风了。这段经历令我对销售人员刮目相看。了解到销售工作中的难点真的令我大开眼界。"

10.3.3 精益切片变革策略

变革管理涉及的范围太大，本书无法面面俱到。变革管理的方法有许多，已经有大量的著作谈及。我们并不希望再写一本变革管理的书籍，因此我们的建议也很直接：研究不同的变革管理方法，找到适合自己目标和文化的方法，并采纳它！

在这里，我们将只讨论变革管理中一个很小但非常重要的部分——覆盖策略，它正适用于数字化转型。你将如何在组织中实施包括技术在内的变革：是全面铺开还是步步为营（自上而下或是自下而上），抑或是精益切片？在敏捷开发方法兴起的早期，几乎所有的尝试都是自下而上的。一两个团队获准开始尝试"敏捷"（或是在没有得到许可的情况下偷偷开始）。如果他们证实这是可行的，其他团队就会尝试，随着时间的流逝，越来越多的团队会采用这种新兴的方法。通常，这种方式推进缓慢，而且主要在软件开发团队中发生（通常没有测试或产品管理的参与）。这些团队往往会被贴上"孤胆游侠"的标签，很少得到组织上的支持。这种变革会很缓慢地向上延伸到项目管理或 IT 管理级别，甚至根本不会向上延伸。

实施敏捷的"孤胆游侠"

在一次早期的敏捷大会上，一位听众向演讲者提出了一个问题："你是如何说服经理同意留出重构（一种敏捷技术实践）时间的？""不用说啥，"演讲者说，"就这么干吧！重构是每个开发人员分内的事。再说，你的经理怎么知道你是在分解还是重构呢！"

随着敏捷的流行，一些组织（通常是软件公司）尝试自上而下地实施敏捷，高管一声令下，所有团队都要采用敏捷方法。这些号令的成功程度参差不齐，但往往不如自下而上的推行效果好。在 20 世纪 80 至 90 年代，许多（即使不是大多数）传统瀑布方法的实现都是自上而下的。这些变革难逃失败的命运，因为它们没能为给开发团队带来任何帮助，只是徒增了额外的文档工作和官僚主义。

自上而下的失败

在瀑布方法大行其道的时候，有一家大型电信公司在 5～6 年的时

> 间内尝试了三种不同的软件工程方法。这些尝试都是自上向下推进的，极少顾及开发人员、测试人员以及其他参与软件开发的员工的感受。官僚化的流程和文档成了负担，对完成工作毫无帮助。敏捷转型的成功往往需要自下而上的努力。不可否认，转型策略很重要，但策略背后的理念也很重要。

自上而下和自下而上的转型策略都既可以步步为营，也可以全面铺开——可以一次试点一到两个团队，也可以改变下至团队上至管理层的每一个人。这些变革策略的各种组合都可能获得成功，但也经常会失败。几年前的一次敏捷大会上，Jim 曾与中国一家大型企业的副总裁交谈。"今年你落地了多少敏捷项目？"Jim 问道。这位副总裁回答："6 个。""明年想做到多少？"Jim 紧接着问道。副总裁答道："200 个。""你认为一年内自上而下地从 6 个敏捷团队推广到 200 个敏捷团队有多大把握？"（读者可以自行思考这个问题的答案。）

自上而下的策略更容易获得组织的支持和基础设施，但交付团队实际落地的进展缓慢。自下而上的策略则相反，更多的团队会采纳，但在获得管理层支持、流程和基础设施方面会遇到挑战。

如果你的目标是整个组织的转型，我们发现最成功的策略是按"精益切片"落地，该策略不是一次性变革整个组织，而是选择一个或少数几个举措，在该范围内改变从开发团队到高层管理之间的所有层面。在那个变革自下而上推进的年代，多数努力都仅限于开发人员。特别是在自下而上的实施过程中，管理层只是在政策、流程以及其他基础设施等方面给团队开绿灯，却不参与实际的转型。通过精益切片的方式，团队的转型需要更多的职能部门参与，包括开发人员、技术专家、测试人员、运维人员，以及项目管理和产品管理人员。此外，IT 和业务两个部门各个层级的经理和高管也都会参与其中。通过采用这种精益切片的方式，组织可以迅速地从成功和挑战中获取经验。

分形是 EDGE 的特征之一。分形是被复制到多个层级的模式。例如，

LVT 是分形的，在每个层级（目标、投注和举措）上都会发生类似的活动。精益切片实践也是一种分形，我们在第 6 章中首次介绍过，这是一种将产品分解为更小的业务功能模块的方法，这些功能模块按客户价值被"切分"，涵盖了实现切片所需的全部技术组件。采用精益切片策略进行组织变革与产品切片类似，也涵盖了组织中支持交付团队的各个层级。

在组织层面，这种精益切片方法类似于敏捷软件开发方法，即按照业务"故事"规划并执行，而不是依据技术分层进行开发。技术分层的方式是一组人负责用户界面，一组人负责业务逻辑，一组人负责数据库开发，还有一组人负责测试。客户价值往往是这些小组最不关心的，他们只关心各自组件的构建。结果可想而知，集成这些组件往往会是一场噩梦。用户故事方法聚焦业务功能的增量，为客户提供有用的、合情合理的功能。

Gerald M. Weinberg 在《咨询的奥秘》一书中指出："绝不承诺超过 10% 的改善成效。"[一]变革的难度总是超出你的想象。最佳的变革方式是所有层级的管理团队和交付团队同时行动，但要控制好影响的范围。在交付团队这个层面上会有几个团队（一到三个）（包括产品经理/产品负责人、开发人员、测试人员、运维人员和其他必要的人员）学习新的方法（敏捷），而管理层同时要为这些团队解决基础设施问题（政策、会计事务、治理、绩效评定和招聘），这样组织才能在不同层面快速地了解哪些方法是有效的、哪些是徒劳的。在攻克下一个切片时，先前积累的经验可以在下一个产品（或项目）中运用。随着切片被不断攻克，各个层级上越来越多的组织成员会被卷入其中。

在任何重大的变革中，组织内都可能会出现"抗体"。如同生物抗体一样，他们抗拒变化，安于现状。这是自下而上的变革中的特殊问题，中层管理者往往就是这些抗体。由于变革的重点是交付团队，鲜有管理者能长时间参与其中，这使得他们有大把时间反对变革、说三道四。抗体折射出的是大规模变革过程中产生的问题，与变革采用的是切片策略还是其他方

[一] Gerald M. Weinberg. *The Secrets of Consulting*. New York: Dorset House Publishing, 1985.

式无关。然而，抗拒也可能是学习的源泉。

10.3.4　无须改变

本书内容大多是关于变革和适应性的。然而，充满机遇的世界和对这些机遇的潜在响应却变化无穷。适应性领导者需要知道何时改变、何时不变。你可以将不变的核心价值、变化的运营实践以及特定的目标和策略区别对待，来了解何时应该保持不变。

对于软件开发而言，敏捷宣言的四条价值观指导了从业人员近20年（截至本书出版）。尽管有人建议对价值观进行增补或修改，但这四条价值观仍是敏捷运动成功的核心。20年来，软件工程领域或通用管理方法鲜有能够像敏捷价值观这样历久弥坚的思想。这说明了敏捷运动的韧性，其核心价值经得起时间的考验。但敏捷运动也发生了一些变化。随着敏捷实践渐成主流，组织根据各自的实际情况对实践和流程进行适配，并且将其扩展到组织内更广阔的战略层面，这一切依然以四条简单明了的价值声明为指导。

下一层面上要保持不变的是精益价值树（LVT）。尽管许多人将LVT视为要做什么的指南，但清晰的LVT也可以帮我们判断不做什么。需要铭记于心的问题是"这是否有助于我们实现目标"。与应做的事情相比，你可以做的事情要多得多。所以，足够快地适应的一部分成功原因在于知道何时改变、何时不变。

10.4　大胆革新

数字化转型需要领导者用清晰的目标来激励周围的人。试验流程和面向试验的技术平台可以驱动转型，但转型的成败最终还是由人和文化决定。如果组织的高管和领导者没有大胆革新和支持大胆投资的勇气，那么转型根本无从谈起。

在先前的章节中，我们介绍了适应度函数的生物学概念。在生物进化中，突变提供了适应机制：有利的突变进一步促进生物适应目标，而不利的突变则会让生物灭绝。突变机制有利有弊：好的一面是生物可以适应生态系统的变化；不好的一面是突变需要时间，有时甚至需要数万年。当环境发生快速变化（例如大约 6500 万年前的流星撞击使地球迅速变冷并导致恐龙灭绝）时，你的适应能力可能会受到巨大的挑战。当然，恐龙的灭绝也促进了哺乳动物的进化。

企业没有数千年的时间去适应变化，甚至连几十年的时间都没有。但是，企业确实需要一种类似突变的机制作为适应环境变化的催化剂。经营机制以试验为指导。随机试验最后也许会成功，但业务等不到"最后"，需要立即调整并适应。

LVT 是试验的第一指南，设定了试验的目标和边界。大胆试验的结果并不一定是产品，组织架构、业务模式、技术平台和文化都可以在 LVT 的指导下进行试验。由 MoS 度量的成效也有助于约束试验的范围。

2018 年冬季奥运会的第一周是男子单板滑雪半管的资格赛。分数不断被刷新：91，93，95。这是 20 世纪 90 年代以来未曾有过的分数。两届奥运金牌得主，美国人 Shaun White 最后一位出场。由于那是一场排位赛，他只需进入前 12 名就可以进入下一轮。但是他做出了一个大胆的选择，并创造了当天最高的分数：98.5。在决赛中，顶着前面选手得到 95 分的压力，White 最后一个冲下半管。他的勇气和竞争精神再次令其赢得了冠军。他获得了 97.75 分。一往无前、做到最好的勇气将推动团队和成员克服转型路上的重重困难。持续创新需要胆识和勇气，当然，还需要一个拥有相应能力的团队。

引领数字化转型是一项艰巨的任务，很大程度上是因为组织中的权利关系会受到影响。当你读到或从顾问了解到 EDGE 这类流程时，看似其中存在着直接的因果关系——构建精益价值树，定义成功的度量标准，确定举措的优先级，然后就能得到结果。人们经常忽略的一点是：决定成败的是判断力和经验，而不是流程。一定要牢记"个体和互动胜于流程和工具"的敏捷价值观。个体及个体间协作的文化才是成功的关键。

> **是谁发明了数码相机**
>
> 20世纪70年代中期，一位刚加入柯达公司的年轻工程师Steven Sasson发明了数码相机。当他尝试在柯达内部推销数码相机的想法时，却遇到了阻碍。"主要的反对意见来自市场和业务部门。当时的柯达几乎垄断了美国的摄影市场，拍摄过程的每一个环节都能让柯达盈利。"[1]
>
> 想象一下当时的高层投资决策会议。负责胶卷市场的高级副总裁说道："我们需要5000万美元的投资来扩大胶卷市场。投资回报率为30%，投资回报期为12个月，它将会巩固我们在胶卷和胶卷相机领域第一的地位。"随后，刚成立的数码相机部门的经理起身说："我们需要5000万美元的投资，才能打入这个潜在盈利空间极大的全新市场。我们无法预估投资回报率，回报期也可能需要三到五年。"你认为谁得到了投资？作为多年来一直受人尊重的大型企业，柯达的胶片市场又是什么时候倒闭破产的？做个"事后诸葛亮"总是很容易的。但是，应该如何着眼未来并做出明智的投资呢？

当然，你还需考虑数码相机业务的未来。没过多久，中低端数码相机业务就受到了拍照智能手机的严重冲击。这项新业务才刚起步就要认真考虑转向。

10.5 驾驭矛盾

适应性领导者或适应性管理者应该是什么样子？对于这个问题，围绕着理想特征、心态或行为有无数个答案，例如，协作、低干涉管理、仆人式领导和容错。其中的关键领导力特质之一是"合"而非"分"。领导者面对的最迫切的问题往往是自相矛盾的；他们似乎拥有矛盾的解决方案。例如，考虑在项目的整个生命周期中，交付可预测性与灵活性以及适应性之

---

[1] Estrin, James. "Kodak's First Digital Moment." *The New York Times*, August 12, 2015.

间的矛盾。如果经理没能解决这一矛盾，敏捷团队将会面临着艰难的抉择。他们常常不断提醒团队同时注意这两件事，而没有真正告诉他们该怎样做。或者，他们可能口头上支持适应性，实际上却只是专注于交付计划范围、进度和成本——就像在瀑布式开发时期所做的一样。更糟糕的是，他们可能只关注速度而忽略了质量。

敏捷团队之所以会成功，部分归因于他们拥抱所见的现实，即项目期间产生的"事情"，而成功之路需要适应这些现实。歧义、风险和不确定性在当今创新项目中是不可避免的。它们将领导者置于自相矛盾的境地，身处这种境地，领导者需要回避直接的矛盾，并提出兼容并蓄的解决方案。适应性领导者必须成为"驾驭矛盾的人"。[⊖]

敏捷领导者需要勇气从不同角度审视问题，不偏不倚地收集数据，制定出"合"而非"分"的解决方案。很少有组织能够成功达到我们所说的"标准敏捷"，这个词听起来自相矛盾，但实际并非如此。这些组织实施敏捷的态度与先前对待笨重的方法体系一样僵化！他们无法参透规则。适应性领导者必须成为驾驭矛盾的人，他们始终需要思考"我们应该如何在做到这一点的同时做到另一点"。

我们用软件开发中的另外两个例子来说明"分"的问题：瀑布模式与敏捷模式，大规模前期设计（BUFD）与没有前期设计（NUFD）。双方的支持者都会将对方视为必须要战胜的敌人，而不会考虑对方的方式中的有用之处。最基本的一点是——所有模式都存在缺点，但是也都可能有用武之地。真正的适应性领导者，无论他是迭代经理、项目经理、技术主管、开发副总裁还是 CIO，都会尝试"集"百家之长。成为"分"的领导者很容易：选择一方，反复大声地陈述你的立场，直到对方放弃争辩。要成为"合"的领导者，需要在看似相反的模式中取得平衡，这要困难得多。然而，在这个瞬息万变的世界中，盲目地遵循"唯一的正确答案"只会带来灾难。

我们生活在一种绝对主义的文化中，但大多数人都认识到现实中存在

⊖ 本节摘录自 Jim Highsmith. *Adaptive Leadership: Accelerating Enterprise Agility*. Boston: Addison-Wesley, 2013。

许多灰色地带。如果我们认为人（或者企业）都是理性的，那么任何事情都可以被当作一个问题，可以通过暴露问题、收集事实、分析根本原因、制定解决方案并实施来解决。这一系列动作完成后，"问题就得到了解决"，然后继续解决下一个问题。

但英明的管理者都知道问题并不是最危险的，不断出现的矛盾才是最危险的。矛盾不可能一劳永逸地得到解决，而是需要一次又一次的平衡。我们甚至难以找到一个词来表达解决矛盾的成效。"问题"的成效是方案，但矛盾的成效是什么？是"临时方案"吗？最好的词似乎是"决议"，这个词有一层动态的含义，这是"方案"这个词不具备的。问题有方案，而矛盾有决议。

以短期关注与长期关注的问题为例。这个问题没有唯一的答案，需要在不同的时间范围内进行平衡。一家面临严重财务危机的企业制定五年战略规划是没有意义的，因为这样做并没有善用时间管理。

区分问题和矛盾的能力，以及不断平衡矛盾决议的能力，是适应性领导者的典型特征。这些能力需要洞察力和判断力，没有那么容易获得。领导者要面对的矛盾有：

- 责任与自治。
- 阶层控制与自组织。
- 可预测性与适应性。
- 效率与响应力。

这些都不是问题，也无法用简单的方案来解决。任何决议都必须兼顾两面，微妙的平衡会随着时间而变化。以可预测性与适应性的矛盾为例。如果希望团队随着时间不断学习与适应，那么"必须将进度或成本控制在5%以内（或任何数值）"这种传统的指令无法引导他们朝着正确的方向前行。反之，不做任何预测也会产生问题。承认这是一个悖论，意味着要放弃"我可以掌控一切"以及"未来由我主宰（计划）"的观念。同时，你也不能完全不闻不问，采取"静观其变"的态度。直面矛盾意味着不断计划，但不能被计划所束缚。这意味着需要感知真实的事件何时违背了计划，并采用适当的"决议"来应对。学会做到这一点是适应性领导力的关键。

10.6 激励他人

适应性领导力关乎引领变革。它关乎定义和拥抱野心勃勃的愿景，关乎打消消极主义的勇气，关乎在艰难中不断前行的决心。它是坚持不懈的精神，愿意接受调整并向前迈进，但始终不会放弃愿景。

近年来，随着学者和顾问转向使用"时髦"的概念，动机一词声名狼藉。动机意味着做某事的意愿或欲望，人们通常认为它具有可操纵性。但研究表明，很大比例的员工并没有融入他们的工作中。他们是在工作，但并非全情投入。[1]

转型不但艰辛而且令人畏惧，创新也是如此。两者皆会令员工和领导者的情绪极度不稳定，如同过山车一般。领导者必须通过多种方式澄清愿景，以鼓励员工参与。

虽然有些时候听起来很学术，但灵感、勇气、毅力和敬业仍是重要的特质。这也是为何我们如此看重"决心"。当 Linda 第一次尝试用澳大利亚传统的咸味酱研制新食谱时，连她的狗都不愿尝一口。接下来试制的六个版本也没能讨得它的欢心。但 Linda 并没有放弃，而是继续研究久经考验的风味搭配，最终激发了她的灵感，制作出了美味的咸味酱羊腿！

坚韧不拔的团队和坚韧不拔的个体都拥有相同的品质：渴望努力工作、学习和进步；面对挫折时的应变能力；强烈的优先级意识和使命感。[2]

组织的坚韧不拔是从挫折中不断学习的决心，因此它成为"我们做事的准则"——致力于解决问题，并从反馈、试验和失败中吸取经验。客户

---

[1] Kevin Kruse. "Why Employee Engagement? (These 28 Research Studies Prove the Benefits)," *Forbes*, 2012. https://www.forbes.com/sites/kevinkruse/2012/09/04/why-employee-engagement/#4fdcfb303aab.

[2] Thomas H. Lee, and Angela L. Duckworth. "Organizational Grit." *Harvard Business Review*, September–October 2018.

不喜欢最初的原型？产品推介没有获得利益干系人的资金？对拥有强大组织决心的企业来说这不是世界末日。员工可以汲取教训并找到更好的方法来解决同一个问题。在这种组织中，团队因成长而获得奖励，但不会因失败而遭受惩罚。

坚韧不拔是指坚强的性格和完成某件事的决心，无论面对的是什么样的苦难。关于决心的最著名的故事要数 1969 年的电影《大地惊雷》（*True Grit*），演员 John Wayne 因为在片中出色的表演获得了他人生唯一的奥斯卡金像奖。他扮演的 Rooster Cogburn 面对重重打击和自身缺陷（在电影开头是个潦倒的酒鬼）依然坚持不懈并最终将坏人绳之以法。

10.7 结语

在许多方面，管理关乎当下，而领导力关乎未来——需要适应变化的未来。适应关乎不确定性、焦虑、试验、判断、恐惧、创新、协作和决策。它关乎假想与探索，而非计划与执行。它关乎大胆、坚定的领导力和激励他人参与未来。

适应性领导力是 EDGE 运营模式中的重要组件。如果缺少新型领导力，转型就难以达成目标。但是，其他组件（例如以技术为核心或构建精益价值树）也是如此。尽管每个组织都需要依据自身的情况调整 EDGE 的组件，但切记你必须明白如何将组件集成为一个整体。千万不要遗漏任何关键部分。

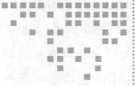

第 11 章 Chapter 11

EDGE：探索转型的未来

你可以在任何一本关于变革的书籍中找到"曲棍球棒效应"这个词。无论代表的是人口增长、由摩尔定律驱动的微芯片密度，还是极地冰川的消融，"曲棍球棒"曲线表明变化的节奏正在加快。但是大的变化事件已经存在很长时间了。与恐龙灭绝相比，更具灾难性的是 2.25 亿年前发生在二叠纪末期的鲜为人知的大灭绝，当时有 96% 的物种从地球上消失⊖。数以百计的物种在二叠纪大灭绝中消失，其中多数物种被认为是最适应当时的环境的。一些在二叠纪的小生态环境中顽强生存下来的物种碰巧具备了使其在随后的三叠纪得以大量繁殖的特质。变化越大，尤其是外部环境（市场、技术、经济）的变化越大，失败的概率可能越大，但这就是适者生存。

企业和组织是否正在经历二叠纪大灭绝？我们能否适者生存？达尔文和其他进化生物学家为我们提供了最佳的生存策略，他们当中许多人认为适应度的关键是适应变化的能力。由 John Holland⊖ 带领的另一组生物学家

⊖ Stephen Jay Gould. *Wonderful Life: The Burgess Shale and the Nature of History.* New York: W. W. Norton and Company, 1989.

⊖ John H. Holland. *Hidden Order: How Adaptation Builds Complexity.* Reading, MA: Addison-Wesley, 1995.

认为适者生存的力量还不够强大，适者降临——合作与协作而非竞争——更为重要。这些生物学的类比是否可以延展到商业世界？

组织对于如何能够快速地适应的答案可能意味着未来经济的繁荣（从明天开始）与走上老式公司或实体书店的道路之间的区别。这是一个难以回答的问题。你需要比谁适应得快？有多少家连锁酒店预见到了 Airbnb 的出现？谁又能预见 Airbnb 代表的共享经济？连锁酒店该如何响应？在适应的过程中如何保证业务发展？

以 JC Penney 为例。几年前，该公司从苹果零售业务部门招募了一位首席执行官，并试图重塑公司业务。这些转变对销售和利润造成了毁灭性的影响，该企业转而求助前高管来纠正错误。但整个零售市场处于混乱和不确定之中。对于 JC Penney 和其他企业而言，真正的问题仍旧是：从长远来看，哪种商业模式会获得成功？调整后的模式或许可以适应未来，但转型的成本太高。时间将会证明，退回传统模式是会让这家零售企业多坚持几年，还是会给它带来光明的未来。企业是会一开始适应得太慢，还是会因模式的转变而放弃得太快？数字化转型的时机很重要，因为商业模式也在不断变化。正如许多企业所经历的那样，落后并以赶超对手的方式去实施转型会令组织不适，但是如果过早地实施新模式并丢失现有的客户也同样会令人感到不适。与众不同和不适感终将形影相随。

迈向未来的第一步要求你将大量的机遇转变为可以支撑组织使命和愿景的目标。让我们假设，到这里你已经读了本书的大部分内容，你的愿景包含了成为一家数字化企业。要转型成假想 - 探索而不是计划 - 执行的组织，你需要思考如何度量成功——高级的适应度函数。投资回报率（ROI）是必要的成功度量标准（MoS），但还不够。客户价值虽然难以衡量，但它能够度量成功，并以此来鼓励所需的变革。

精益价值树（LVT）体现了将愿景分解成目标、投注和举措的过程。在每个级别上，一些机会会被进一步细化，而其他机会则会被抛弃。实现目标的关键是提供良好的 MoS，重点在于客户成效，即为客户提供价值。

然而，构建 LVT 只完成了一半的工作。在构建 LVT 的同时，你需要知晓实现这些目标所需的能力，切实评估自身现状，包括如何获取所缺乏的能力。这里我们应该指出，技术既提供了分析的方式，也提供了实现目标的能力。我们发现对能力进行切实的评估往往是最困难的任务之一。

想想另一种隐喻：登山。你的目标是艰苦地攀登美国科罗拉多州一座中等难度的 fourteener⊖（基本上是一次徒步），还是想攀登世界上最危险的山峰之一——乔戈里峰⊜？通常，人们对珠穆朗玛峰及其危险程度有所了解，因为媒体报道了过去几十年来的一系列山难事件⊜。乔戈里峰更具挑战和危险。想象一下从 fourteener 徒步提高到攀登乔戈里峰所需要的能力——从身体机能、攀登技巧、计划和后勤、意志力到风险评估。实施业务目标并没有什么不同，既有类似乔戈里峰的目标，也有类似 fourteener 的目标，最好不要将它们混淆。大多数登山队都有足够的毅力和技巧来适应 fourteener 的爬升高度，极少有经验丰富和合适的团队可以成功登上乔戈里峰。获得与目标相匹配的能力并不像表面上那样简单。

在构建 LVT 和 MoS 时，团队的产品人员和产品部门的产品人员共同勾勒产品蓝图，以确保团队、管理层和客户对于产品的长期演进路线有所了解。随着业务形态从职能阶层到面向产品的自治团队的转变，组织结构也将发生变化。

技术提供了两个潜在的益处：一方面，技术的进步创造出了产品和服务的机会；另一方面，技术提供了构建这些产品的新能力。这会给所有人（高管、领导者、技术专家）提出一系列的问题。如果从未使用过 Facebook、Twitter 或 Instagram，你怎么能理解社交媒体？你能想象到计算机交互设计中虚拟现实的飞跃是和从非图形界面到图形界面同样的飞跃吗？你知道大数据分析如何帮助你更好地了解客户吗？对于高管和其他人

⊖ 在科罗拉多州，有 53 个海拔超过 14 000 英尺（约 4267.2 米）的山峰，它们被称为 fourteener。

⊜ 乔戈里峰（又称为 Savage Mountain）海拔 28 251 英尺（约 8610.9 米），是世界第二高的山峰（仅次于珠穆朗玛峰），也是登山者死亡率第二高的山峰（仅次于安纳普尔纳峰）。

⊜ Jon Krakauer. *Into Thin Air: A Personal Account of the Mt. Everest Disaster*. New York: Villard Books, 1997.

来说，仅仅为技术提供资金还远远不够，你必须了解技术！这是实现数字化转型的关键之一，即拥抱以技术为核心。

以技术为核心、精益价值树、成功的度量标准、产品蓝图都将模糊的机遇转变为专注的计划。接下来评估需要实施这些计划所需的能力。机遇和能力这两个方面都需要领导力、组织和治理。

当跃入由技术驱动的第四次工业革命时，我们必须转变合作的方式。对创造力和创新的需求不再是泡沫般浮现，而是泉涌般出现。多样化的客户需求和技术组件要求组织的各个层级拥有多样化的团队，这些团队能够协作、做出明智的决策、学习和适应，并交付客户价值。组织需要按照价值链而不是传统的职能阶层进行重组。团队既要自给自足又要自治。

要让高管和经理远离他们的舒适区。你需要适应变化，而非摇摆不定。你需要建立清晰且一致的愿景和适应性文化，为组织提供一致的核心原则，这些核心原则必须一以贯之，并需要学习和适应不断变化的环境下的思维方式。你需要坚持并知晓何时放弃。你需要放弃管控的管理方式，以及为了确保控制而不可避免地建立起来的官僚作风。你只需要足够的治理，即有效且轻量的治理。

加速的变化需要创新，这样我们才能足够快地适应。它不仅需要更快的产品开发速度——需要彻底改变合作和投资未来的方式。为了更快地适应，我们必须规模化推广，以在整个组织中注入不同的思维方式。创新和适应发生在结构与混沌相交的边缘，我们感到不适但很兴奋。在混沌的边缘平衡（保持足够的结构以避免程度较轻的混乱，同时激发创新的自由）并非易事。ThoughtWorks 前首席执行官曾经说过："今年有八项重要举措。现在是五月，我们取消了其中的三项，又增加了两项。我不知道我们是适应力强还是不善规划。"

本书提出的变革措施是否太多了？也许，EDGE 的不同之处在于借助适应度函数专注于客户价值、速度和适应性，处理好机遇和能力，理解和遵循 EDGE 的原则，使用 LVT 和面向成效的 MoS，采用产品思维，建立自治团队，成为适应性领导者，并利用轻量治理模式。这些组件的组合定义了敏捷的运营模式，将帮助组织转型为数字化企业，使其拥有更快且更加有效的适应能力。正如本书开篇所述，每个组织都不一样，应该自行决定采用 EDGE 的不同组件——或快或慢、以不同的深度实施。但是，如果你的目标是成为在瞬息万变的环境中蓬勃发展的数字化企业，那么你不应该低估需要做出的变革的范围。

正如我们在第 1 章的开篇所描述的那样，EDGE 的重点在于持续转变而不在于转型。从工业时代到数字化时代的道路可能漫长且曲折。新技术将会出现。机遇和竞争都会变化。归根结底，EDGE 的重点在于过程：不断地朝着目标前行而不是只关注最终结果。不要忘记，当你朝着这个目标努力前行时，专注于孕育适应性文化将会加速企业转型。

推荐阅读

系统思维：复杂商业系统的设计之道（原书第3版）

书号：978-7-111-46238-5　作者：Jamshid Gharajedaghi　定价：79.00元

爱因斯坦说过，"如果不改变我们已有的思维模式，那么我们将无法解决这些思维模式所带来的问题"。贾姆希德开发出了一种思维模式，可以解决这些问题。

——罗素·艾可夫，著名管理学家，宾夕法尼亚大学沃顿商学院名誉教授

格哈拉杰达挑战了我们的思维，让我们退后一步，基于理想的竞争定位进行思考，而非向前一步，基于我们已有的定位和各种制约，其结果就是更大胆地对改变进行思考。贾姆希德推动了对公司的优势、劣势以及其可能达到的理想状态的现实评估，并创造了从A点到达B点的路径。

——Bill Tiefel，万豪酒店总裁

在全球市场经济浪潮下，可行业务不能再继续被固定为单一的形式或者功能。反之，成功是建立在自我更新的能力之上，这种能力可以自发地建立结构、功能和流程，以适应频繁波动的商业格局。本书全面而系统地介绍"系统思维"的概念与应用，阐释一种卓有成效的洞悉混沌、理解复杂性的思维方式和解决之道，并通过5个实际案例详细阐述其在复杂商业系统设计和重塑中的具体实施步骤及方法，为在日趋混乱和复杂的环境中定义问题并设计解决方案提供了可操作的方法。

推荐阅读

架构即未来:现代企业可扩展的Web架构、流程和组织(原书第2版)

作者:马丁 L. 阿伯特 等 ISBN:978-7-111-53264-4 定价:99.00元

互联网技术管理与架构设计的"孙子兵法"

跨越横亘在当代商业增长和企业IT系统架构之间的鸿沟

有胆识的商业高层人士必读经典

李大学、余晨、唐毅 亲笔作序 涂子沛、段念、唐彬等 联合力荐

任何一个持续成长的公司最终都需要解决系统、组织和流程的扩展性问题。本书汇聚了作者从eBay、VISA、Salesforce.com到Apple超过30年的丰富经验,全面阐释了经过验证的信息技术扩展方法,对所需要掌握的产品和服务的平滑扩展做了详尽的论述,并在第1版的基础上更新了扩展的策略、技术和案例。

针对技术和非技术的决策者,马丁·阿伯特和迈克尔·费舍尔详尽地介绍了影响扩展性的各个方面,包括架构、过程、组织和技术。通过阅读本书,你可以学习到以最大化敏捷性和扩展性来优化组织机构的新策略,以及对云计算(IaaS/PaaS)、NoSQL、DevOps和业务指标等的新见解。而且利用其中的工具和建议,你可以系统化地清除扩展性道路上的障碍,在技术和业务上取得前所未有的成功。

推荐阅读

架构真经：互联网技术架构的设计原则（原书第2版）

作者：（美）马丁 L. 阿伯特 等 ISBN：978-7-111-56388-4 定价：79.00元

《架构即未来》姊妹篇，系统阐释50条支持企业高速增长的有效而且易用的架构原则
唐彬、向江旭、段念、吴华鹏、张瑞海、韩军、程炳皓、张云泉、李大学、霍泰稳 联袂力荐